本书系中共山东省委党校（山东行政学院）重大项目攻关创新科研支撑项目年度项目“文本分析在政策分析中的应用”（2023CX112）的结项成果。

# 文本分析在政策分析中的应用

窦玉鹏　著

中国海洋大学出版社

·青岛·

**图书在版编目（CIP）数据**

文本分析在政策分析中的应用 / 窦玉鹏著. -- 青岛:
中国海洋大学出版社, 2024.1
ISBN 978-7-5670-3800-4

Ⅰ. ①文… Ⅱ. ①窦… Ⅲ. ①政策分析 Ⅳ.
①D035-01

中国国家版本馆CIP数据核字(2024)第040629号

# 文本分析在政策分析中的应用

WENBEN FENXI ZAI ZHENGCE FENXI ZHONG DE YINGYONG

| | | | |
|---|---|---|---|
| 出 版 人 | 刘文菁 | | |
| 出版发行 | 中国海洋大学出版社有限公司 | | |
| 社　　址 | 青岛市香港东路23号 | 邮政编码 | 266071 |
| 网　　址 | http://pub.ouc.edu.cn | | |
| 责任编辑 | 郑雪姣 | 电　　话 | 0532-85901092 |
| 电子邮箱 | zhengxuejiao@ouc-press.com | | |
| 图片统筹 | 河北优盛文化传播有限公司 | | |
| 装帧设计 | 河北优盛文化传播有限公司 | | |
| 印　　制 | 河北万卷印刷有限公司 | | |
| 版　　次 | 2024年1月第1版 | | |
| 印　　次 | 2024年1月第1次印刷 | | |
| 成品尺寸 | 170 mm × 240 mm | 印　　张 | 6.75 |
| 字　　数 | 100千 | 印　　数 | 1～1000 |
| 定　　价 | 58.00元 | | |
| 订购电话 | 0532-82032573（传真）　18133833353 | | |

发现印刷质量问题，请致电18133833353进行调换。

# 序 preface

政策文本分析是政策分析的起始。政策文本在国家治理中发挥着“文书行政”的作用，其通过文件分级管理制度与科层制组织结构而成为治国理政的基本工具。在作为工具嵌入政策过程时，政策文本能够反映政策回应政治、经济、社会变迁的演进过程，承载了政策过程、问题界定、目标治理和政策工具等具有重要研究价值的信息。政策文本为建构特定研究主题的理论元素与理论逻辑的数据库提供了基础构件，对政策文本进行分析能够架通抽象理论研究与具体政策文本之间的桥梁，从而使得整个文本分析过程呈现理论要素发现、理论逻辑挖掘、要素关系框架化的完整逻辑闭环。也就是说，文本分析能够通过政策文本量化研究获得客观的、可重复的、可验证的分析结论，既可以从微观层面明晰政策意图、观测政策工具组合，又可以从宏观层面了解政策演进规律、探析政策扩散路径。正是基于这样的考虑，笔者产生了聚焦文本分析在政策分析中的应用的研究兴趣，本书正是这一研究兴趣驱动所产生的成果。

基于以上考量，本书将文本分析如何在政策分析中进行应用作为研究的中心问题。在解决这一问题时，着重从以下三个方面进行了分析：一是政策文本分析方法嵌入特定的政策文本能够提炼出什么，即政策文本分析在政策分析中的应用目标与目标实现的基础是什么；二是政策文本分析的理论操作路径是怎样的以及如何设计具体的路径；三是所设计的政策文本分析的操作路径在具体的政策研究如何应用。本书的论述正是围绕这三个问题展开的。

（1）文本分析方法在政策分析中应用的目标。以文本形式存在的政策文本是决策过程的成果输出，是对政策内容与行动过程的陈述。但政策文本不像其他文本那样是单一主体的生产过程，而是多种利益主体推动议程设置由问题阶段转入议题阶段的过程的反映。人们以这种视角观照政策文本分析时，就会发现其并非只局限于文本中的政策内容，而是注重挖掘文本产出过程和决策结构的因果变量关系，即政策的文本分析涉及考察政策过程的主体、客体、情景互动与演化。从这个意义上讲，文本分析将分析的范围拓展到了产生政策文本的“文本行政”本身。

文本分析方法在政策分析中应用的目标聚焦于依托文本分析寻求特定研究主题的事件演化及变迁规律，即以嵌入文本解读的方法来发掘文本产生过程中的“深层知识”。文本的分析和阐释是文本与研究技术、理论视角之间的对话。其中，研究技术的应用主要是通过运用一个预先设置的技术性框架来清晰地展现文本的现象描述，理论视角的引入在于通过其含有的理论元素与理论逻辑为观察产出文本的政策过程与长时段政策变迁提供理论线索，从而聚焦特定的社会问题，揭示其中的重要意义。总之，政策文本分析既可以增进对特定议题政策过程的认知，又可以从比较分析和结构分析的维度理出政策变迁的驱动因素与驱动逻辑。

政策文本是一种复杂的政策过程产物，其规定了政治、经济、社会博弈的场域、主体与“游戏规则”。政策文本的生产是决策主体对经济社会变迁的回应；反之，其作为策略嵌入也会干预经济社会发展进程。从这个意义上说，只有把握政策文本生产机构与社会发展进程的多维性和多层性的互动过程，才能理解政策过程的发生过程。事实上，因为能够反映政策模糊性和复杂性的文本痕迹的存在，理解政策本身及政策过程才成为可能。这是因为政策主体、政策客体以及政策目标和策略设计等要素均内含于政策文本中，对这些政策要素的抽象编码进行分析，便可透过文本显性话语考察政策过程中的价值分配和博弈的过程，从而产生具有理论价值的知识产品。

政策文本分析应用具有以下目标特征：

①政策文本分析是理解政策过程的基本探究手段与重要途径。面对浩如烟海的政策文本，如果对特定议题的政策脉络缺乏基本认知，将会使研究者对特定议题的问题界定演进与议程设置进程处于模糊状态，无法更好地把握与求解政策问题。而将文本分析引入政策分析后再对政策文本进行系统分析则有助于从政策文本中产生围绕特定议题的知识。事实上，政策变迁脉络能够提供特定政策议题问题界定的背景知识，赋予研究脉络变迁的独特视角与统筹联系的事件观念，从而充实政策理解视域与理解维度的多样性。政策文本分析方法的应用为理解政策主体与客体、过程与主体的某种动态的联系提供了分析的焦点与理论的可能性。

②政策文本分析方法是“基于文本的分析”，即其分析是脉络发展基础上对政策文本的演进特征进行的理论抽象，其在分析方法上融合了“比较论”和“集合论”。简而言之，其将政策脉络的演进过程中的差异变化作为探索的逻辑起点，并以其为理论介入基点，将可能的理论要素与理论逻辑予以概念化。也就是说，政策文本分析方法通过对比使不同文本分析所得出的差异提供“头脑风暴法”的丰富理论线索，从而产生核心理论机制知识产品。政策文本分析方法对于文本的分析采用“滚雪球”式的迭代式处理方式，即将研究主题作为分析的逻辑起点，按照“引入文本分析—产出理论线索”的分析程序不断缩小核心关键理论特征范围。

③文本分析应用于政策分析的研究对象是结构化或半结构化政策文

本，通过量化分析获得客观、可重现、可验证的研究结果，从而识别政策演进规律和发展趋势。本书将系统论述政策文本量化研究的理论基础，建构文本量化分析的途径设计，确立以政策文本内容为对象的政策内容量化和以政策文本结构特征为对象的政策文本计量两条研究路径。同时，本书将政策工具、政策变迁、政策过程等研究嵌入，将隐藏在文件背后的复杂而微妙的政策过程以图谱的形式展示了出来。

（2）科学的研究方法必然具有特定的程序与操作路径，典型的政策文本分析步骤如下：

①围绕特定研究问题收集丰富的政策文本。政策分析不仅要围绕相关研究问题或假设收集丰富的政策文本，而且要关注政策文本背后充分、丰富的细节，并摹写其相关的情景。

②概念化：通过文本的扫描式阅读抽象出初步的概念变量域，即先对政策文本进行片段切取与词频统计，然后逐步进行初始编码、聚焦编码、轴心编码与理论编码，从而将政策文本相关主题提炼为概念类属。在编码过程中，构建所有变量指标均能被充分解释的编码手册和编码表，并对所建构的编码手册和编码表进行探索性试用，测试变量可信度及稳健度，对编码手册和编码表进行适度改善。

③进行理论抽样、饱和与分类，并建立理论元素与理论逻辑图。特定代码会使文本中的意义和政策过程更为明确。政策文本关于编码内容的扩展将有助于政策文本分析者发展理论产出。对政策文本分析进行分类，使其与理论类属相契合，并展示能够整合研究工作的概念关系，有助于研究者整合想法并建立逻辑顺序。

④在政策文本编码基础上进行理论化提炼并建构理论，然后检验所建构理论的有效性与稳健性。

（3）在公共政策学科中，脉络分析、问题取向和多方法嵌入是提升政策分析有效性的三种典型路径。本书的文本分析在特定政策议题的政策变迁分析中的应用正是遵循这种路径推进的。在脉络分析方面，通过分析特定政策议题的政策文本的内容和属性特征，对特定政策议题的政策的制定、变迁、扩散的历史脉络进行研究，并对政策变迁背后的复杂关联关系进行了解析。在问题取向方面，文本分析在特定政策议题的政策变迁中的应用抓住了特定政策议题的政策设计的问题界定侧重点的变迁脉络，以问题界定的注意力资源配置变化为导向，剖析隐藏于政策文本背后的政策设计意图。在多方法嵌入方面，文本分析在特定政策议题的政策变迁分析汲取了统计学、Python、网络分析、数据可视化等方法手段，先对关键词频进行提取，然后对特定政策议题的政策变迁的复杂的政治、经济和社会关系进行分析，构建了特定政策议题的政策变迁的机制分析，是文本分析在政策分析中应用的实际展现。

综上所述，词频分析、知识图谱、注意力资源理论等的嵌入为政策文本分析提供了理论基础与方法论支持，从而有助于从政策文本生产和发展演变的内在逻辑中生产系统性的政策知识。政策研究的主要目标聚焦于探究政策变迁规律及改进政策制定的知识。作为一种揭秘“黑箱”技术，文本分析在政策分析中的应用有助于从文本以及与之关联的社会实践中挖掘文本的“深层结构”与文本演变的内在逻辑过程，最终完善政策制定过程。

寒来暑往，从笔者研究立意算起，本书从计划到完稿将近四年。在研究立意之初，笔者就确定了以文本分析应用于政策分析的理论基础、操作路径设计、探索性试用为研究重点的研究思路。然而知易行难，难就难在所收集到的政策文本语义内涵丰富，将其转化为数据较为烦琐，因为需要进行理论、方法和工具的整合与创新，不经过思考与实践，很难对文本分析在政策分析中的应用产生清楚的认知。在分析过程中，笔者渐渐明白理论研究不能局限于理论演绎的方式，更应该引入新的方法与工具，要加强与实践的对话，这样才能增强知识产出的可靠性与稳健性，从而为更加深刻地认识问题、生产知识产品提供工具与载体。

窦玉鹏

2023 年初夏于济南

# 目录 contents

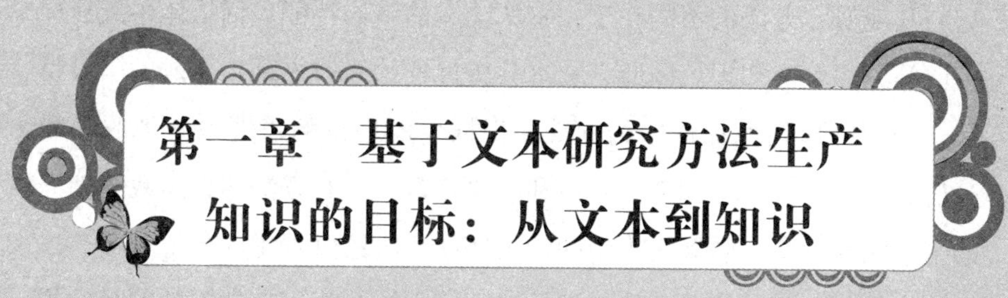

# 第一章 基于文本研究方法生产知识的目标：从文本到知识

政策文本分析是以政策文本作为研究对象，通过归纳、分析进行概念抽取与理论建构，从而获得对政策文本的解释性理解的分析活动。政策文本分析的目标是以文本为基础生产知识，这种知识包括从文本到知识的程序性知识以及基于文本生产出来的知识。文本分析在生产知识的过程中遵循认知活动共有的逻辑：按照科学的框架与路径整合文本中蕴含的知识元素与知识逻辑，从而进行比较与关联，借助情景分析与变迁分析系统地展现文本中的因果机制，从而产生知识累进效果。基于这种假定，政策文本分析是一种具有特定工具理性与探究步骤的研究方法。它与其他研究方法的不同在于，它从文本的结构特征、话语体系或目标指向等方面生产知识。因此，文本分析过程始终嵌入理论生成的引导目标，采用“理论性抽样”的标准，根据生成理论的需要系统地收集和分析文本，从文本中发现、发展和检验政策知识和方法知识。政策知识的生产涵盖所研究政策文本中的话语体系与决策过程中的价值排序、目标转换与工具选择等。方法知识是对政策文本分析生产知识的路径的规定，提供了进行新知识生产的方法与路径。

## 一、作为研究方法的文本分析：内涵、特征

### （一）文本分析的内涵：基于文本的分析

什么是政策文本分析？政策文本分析就是为了揭示政策文本如何在政策过程中形成以及其在整个政策变迁过程中发挥了怎样的作用而对其进行研究的过程。这种过程可以表现为先对一个政策文本进行解析式成分分析，发现它们的属性与维度，然后利用已有的理论基础与情景分析对所获得的属性与维度进行理论意义的提升。

文本分析以更加全面或综合的视角对特定议题的文本集合进行分析，并在分析过程中找到具有知识产出可能的线索，整合形成具有抽象

变量意义的理论框架。这一问题如果嵌入文本分析“基于分析的分析”程序将具有理论价值，将使分析升华为具有普遍意义的理论议题——挖掘多场域下存在的情景知识，生产不限于单个情景的知识。政策文本分析是归纳的过程与演绎的过程的复合体。政策文本分析的归纳过程主要体现在对政策文本进行切片处理以抽象出概念体系，从而在概念层次结构与功能分析的基础上探寻大量政策文本所包含的理论逻辑与理论元素。政策文本分析的演绎过程主要体现在先在文本切片的过程中关联已有的理论基础，从而探索性地假设文本中具有的概念、逻辑等，然后采用理论抽样的方式对每一个概念与逻辑假设进行过滤性选择。

政策文本分析是一个复合型的程序过程。政策文本分析过程与头脑风暴的多种观念嵌入过程相似，其主要探究隐藏在文本中的理论元素与理论逻辑，旨在从文本中建构一个连贯的解释性框架。政策文本分析过程中还要跳出纸质文本“在盒子外面”思考，从而提炼文本中的概念形成知识生产，也就是要将原始文本变成某种增进理解以实现知识产出的累进效果。政策文本分析的复合型程序还体现在其在分析过程中会不断黏合从文本中抽象出的多维度与多层次概念，从而形成反映文本本质的逻辑解释。

### （二）文本分析的本质特征

文本分析是以大量的政策文本为基础，遵照科学的方法设定进行探索，从而实现知识的增长。文本分析是一种知识生产方法，这种方法本质上具有抽象性（先以具体的话语切片分析抽象出概念体系，然后理论化）、渐进性（生产理论知识产品具有从细节到概念再到理论的渐进展开）、关联性（概念与理论建构于已有的理论基础上，而且这种概念与理论能够从特定的文本中找到映射对象）。政策文本分析实际上遵循政策话语、概念体系、理论产出的典型路径。可见，文本分析的典型路径在分析工具与分析逻辑的应用上具有方向性、目标性的整合，并进行从文本到知识的生产。在分析过程上，整个分析过程没有偏离这一主旨：以政策文本中的话语体系为依据，以从文本到知识的生产为目标，以抽象性、渐进性、关联性逻辑内核形成知识产品生产的过程。

1. 抽象性

文本分析生产知识的方法设定的第一个本质特征就是抽象性，即政策文本分析不是简单重述或摹写政策文本中的话语体系，而是通过抽象政策文本中的关键特征来归纳、演绎与推理，从而形成重要的知识关联。政策文本分析的抽象性有三重层次，分别是从话语体系到概念体系、从概念体系到理论元素与理论逻辑、从理论元素与理论逻辑到理论阐释框架。在这三重层次中，从话语体系到概念体系是表现抽象性的基础，是建立在已有理论基础上对政策文本切片的观照；从概念体系到理论元素与理论逻辑是建立在逐层抽象与过滤基础上的筛选；从理论元素与理论逻辑到理论阐释框架是对政策文本、分析结论的再次抽象，并在抽象过程中完成了理论的探索式检验。

2. 渐进性

文本分析生产知识的方法设定的第二个本质特征就是渐进性，这是因为纳入政策文本分析过程的政策文本一般具有异质性特征，找出这些异质性话语所具有的共性形态，才是文本分析的目的。渐进性体现在两个方面：一是从概念体系到理论元素再到理论框架的层层递进过程，其将政策文本的切片作为统计分析的样本，通过渐进的分析过程实现从文本切片到理论框架的步骤实现；二是政策文本分析过程中的理论抽样实际上是以探索到的概念为基础进行文本知识集合的“滚雪球”式的拓展，更是力求通过知识集合在知识关联过程中的延伸，挖掘概念体系中理论元素与理论逻辑的基本认知。

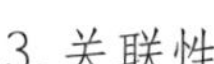

3.关联性

以从文本到知识的生产为目标的文本分析，就是面对文本与已有理论整合出概念体系，并从中整合出理论元素与理论逻辑，形成具备构建中层理论框架的要素关联。因此，整个文本分析过程中呈现出关联性，这种关联性是指分析与阐释的每一层次都是对上一层次内容的抽象，具备映射回文本中原有的知识的可能与路径。这里的“映射”指在文本分析中各个层次的关键特征、要素范畴或者逻辑机制具有关联性。

## 二、政策文本分析中的政策知识

### （一）文本分析生产的政策知识的类型

如何界定文本分析进行知识生产的目标至关重要。这种目标界定是文本分析程序设计与知识产出的方向和边界，它为文本分析的展开提供了驱动目标。更重要的是，文本分析的目标界定为文本分析程序提供了设计的路径，从而使得经由话语、概念、理论的层层抽象成为具有逻辑意义的知识产出成为可能。这种知识产出表现为经由文本分析产生符合学术共同体共识性判断标准的分析性知识与阐释性知识两种知识形态。

1.分析性知识

分析性知识指基于对文本的词频统计、关键话语标识、政策变迁分析等得出的涵盖政策过程、政策主体、政策工具、问题界定变迁等要素的知识。分析性知识的作用在于积累用于生产阐释性知识的文本中政策话语所体现出来的因果链条、生发条件、形态变化等证据。比如，文本分析先通过关键节点的嵌入将政策变迁划分为多阶段，然后对具体阶段的政策文本中的词频进行统计，借助注意力资源分配理论找到具体阶段政策的关注点的变化，从而为特定治理环境下政策变迁的阐释性知识提供证据支撑。此外，在文本分析中寻找能够表明政策过程中“价值排序”的线索也很重要，这是因为提供“价值排序”的线索有助于发现决策主体在决策过程中将何种价值置于显著位置，进而为判断政策变迁的问题界定、目标转换、工具选择等的排序提供证据。

2. 阐释性知识

阐释性知识指聚焦政策话语体系背后的政策变迁机制、问题与策略互动所表征的决策过程。阐释性知识侧重于特定情景下必须借助特殊的文化常识才能显现因果关系的驱动链条解释。比如，为说明政策变迁中决策主体在长时间阶段中价值排序的变化，就需要引入情景知识的分析，以寻找是什么样的因素驱动了价值排序的变化。

### （二）文本分析生产的政策知识的核心是阐释性知识

从研究方法嵌入的目的看，文本分析方法将关注点置于解释要素与被解释要素相关确认基础上的因果关联机制如何发挥作用，即文本分析方法是在已有理论框架与情景知识的基础上从政策文本中抽象出具有显著特征的因果关系，从而提升知识产出的价值。比如，对于政策变迁的驱动因素与政策变迁之间的关系，文本分析所生产的阐释性知识不仅关注驱动因素是否会驱动政策变迁发生，而且力图展现出驱动机制发挥作用的方式与内在逻辑。

文本分析对于阐释性知识生产的定位是基于多样化情景知识的因果机制不单纯是线性关联，而更多地呈现为多重并发因果关系。这样的定位表明，文本分析生产的阐释性知识关注的是多元主体的利益追求、价值排序、策略选择等不同导致的组合的多样化，这种多样的组合进入因果逻辑链条输入端，进而在输出端产生多样化的现象呈现。因此，文本分析的重点在于提炼具有适用性的要素联动关系的因果机制链条过程。

比如，在政策变迁过程中，政策的间断－平衡样态的转换实际上是问题流、政治流、政策流三流汇合开启“政策之窗”的中层机制实现过程，在不同的发展阶段则具体呈现为问题形成、媒体发酵、指标呈现、议程设置、政策方案激活、政策企业家活动和决策者注意力资源配置的机制表现。因此，文本分析对于阐释性知识生产的定位有助于从多重政策话语微观事实中揭示出这种联动的生发机制，从而整体表现为一种知识产出。

文本分析对于阐释性知识的具体操作是从特定情景下的政策话语入手，将政策话语抽象为概念体系，即将长时间周期的政策话语予以概念标识，从而发现不同的驱动因素、变化过程中特殊因素的变迁、在不同情景中的决策主体的价值选择等，以此实现阐释性知识的产出。由此可知，文本分析对于阐释性知识的逻辑起点是将政策话语体系的结构分析与演化分析作为阐释性知识生产的逻辑起点，通过概念化、理论化的多维操作生产阐释性知识。其中，政策话语体系的演化分析强调政策话语体系变化的时序性，以及政策话语在时序中的要素变化与特定时间问题界定呈现的关联，即时间轴上政策话语的变化是进行阐释性知识生产的重要依据。此外，政策话语体系的演化分析要求对知识产生情景的掌握，以服务于对关键时序动因的挖掘。这是因为知识产生情景的挖掘有助于解读浓缩在政策文本中的情景与经验的抽象问题，从而揭示关键知识变量在形成进程中的持续和演进过程。

## 三、文本分析知识生产的典型路径：从话语到概念再到理论的演进

文本分析知识生产的典型路径如下：先从政策文本中的话语体系中标识出概念体系，然后从概念体系中寻找关键的理论元素与理论逻辑作为理论构件，再依托已有的理论逻辑对理论抽样的文本进行涵盖，最后生产具有“普适性”的知识。文本分析的应用，为理论生成提供了新的

路径，可以改善单纯理论逻辑演绎缺乏证据支撑、单纯统计描述缺乏理论基础、已有方法论兼容功能不足的问题。文本分析研究致力于呈现文本背后的演化逻辑与策略选择，其通过抽象、映射等建构方法从文本资料的经验事实中提炼概念体系，并将其用理论的形式作为知识产品生产出来。文本分析过程主要如下。

### （一）理论抽样

理论抽样是一种建立在主题基础之上的文本收集方法。理论抽样区别于传统抽样方法的关键在于其探索性，其大部分围绕研究主题提出并验证假设，并以主题的假设体系为支点推动多次文本收集循环。文本分析中的主题聚焦为寻找、引导走进文本并从中探究政策文本中的话语体系、概念体系等提供了方向。研究主题是进行文本分析的基础，也是理论抽样的驱动因素。研究主题的范围及研究者对研究主题的理解引导着人们从特定的视角来审视文本，从而寻找与主题相关的概念标志，即理论抽样始于聚焦研究主题进行政策文本收集，终于所收集的政策文本在支撑概念界定上出现理论饱和。随着理论抽样的推进，研究能够跨越不同群组来探究核心概念，从而增加理论深度、广度以及抽象的层次。

理论抽样通过有目的地收集与这些概念有关的文本来阐明和提炼相关的概念。理论抽样饱和是指没有新的类属或相关主题出现，并且类属在其属性和维度上没有进一步大程度发展的可能。研究的目的不仅仅是提出一个类属清单，更重要的是人们对这个类属清单的理解必须超越其表面的解释。只有找出不同条件下的各种属性和维度，即主要的类属显示出它们发展的深度和变化时，才能说明理论抽样已经足够充分。

### （二）形成概念体系

文本分析是一个通过产生、发展概念和检验概念而在文本中建构理论的过程。在政策文本分析中，形成概念体系是对政策文本分析建立系统性的关键。这一过程往往先从第一份文本中提取一些概念，然后将这些相同的概念与后面的文本比较，比较其相似性和差异性；或者通过增加新的属性和维度来拓展概念，如果文本中有新的观念，就在概念清单中增添或修改新的概念。在整个文本分析中，概念扮演着中心角色：概念是对文本中政策话语进行类属化的依据，文本分析中通过概念的类属化而实现分组；概念通常是用来建立文本之间联系的主要工具，聚焦概念能够给人们提供对文本进行有效组织的逻辑脉络；形成概念体系是解释研究发现的“锚定点”，代表着从文本中解析出来的对政策过程、议程设置、问题界定、组织架构等的理解。

所形成的概念体系在层次上有中心概念与次要概念两种类属的区别，且概念层级越向上移动，概念涵盖范围就越宽广，其实质是以让渡具体性来提升抽象性。建立概念体系实际上就是确定文本中的政策话语的次要概念与中心概念，即确定赋予文本什么样的概念体系来对其进行分组，以及如何相应地将其提升到更高的抽象层次。政策文本分析涉及多层次、多维度的概念整理，应先根据政策话语体系的属性与维度将其整合到各种类属中，然后用概念体系来标识文本中的政策话语体系以及概念之间的潜在关系。形成概念体系实际上包含两步，第一步是按照各种公开阐明的维度对话语体系进行分类，第二步是在这些类别之间建立联系或形成一个围绕中心概念的解释性的概念体系，它通过关系的阐述系统地整合概念及其属性与维度。

### （三）分析情景

文本分析是一种从文本中建立理论的特殊方法论，通过分析文本和解释文本，人们可以从文本中发现意义、获得理解以及发展经验知识。这是因为文本是对问题回应、过程演化以及现象复杂性的应对。基于这种分析目的，文本分析需要解读文本背后的情景以寻找丰富性，定位于其所根植的情景框架中反复对比，从而寻求更多的意义。分析所得的情景属性为文本分析提供了观念支撑，影响文本分析中的注意力资源配置，增强了对文本中特定概念属性的敏感性，从而使人们能够更加具体地理解文本中政策话语所包含的意思解释。此外，政策文本对情景知识的探寻，有助于将先前已知的和迄今未知的事物之间建立概念体系，从而以这些未知的事物发现具体的本质。

政策过程在一个更大的结构条件框架内存在和行动。因此，文本分析想要理解经验与说明情景，就必须尽可能地在研究中捕捉情景复杂性。要努力从多种视角去看待文本，必须将文本置于一种社会的、政治的、文化的及技术的框架中，而不能将其从情景框架中剥离出去，即文本呈现建构理论就是对过程演化与策略选择的过程重现。

### （四）将政策过程纳入分析

政策文本分析要分析的文本是复杂的。它们由大量存在复杂关系的政策话语体系组成。因此，将话语体系中含有的关键概念与关键逻辑从文本中剥离出来就显得格外重要。

将政策过程分析纳入政策文本分析并非为条件或结果本身进行编码，而是利用这种过程分析来获得对文本产生过程的理解，这是因为导入政策过程分析为如何识别以及建立结构与过程之间的联系提供了线索。

### （五）整合类属形成编码

分析涉及编码、提取原始文本以及将其提升到概念层次。它需要运用合适的方法对文本进行提问并对文本之间进行比较，在这个过程中发掘代表文本的概念，根据它们的属性和维度形成编码。整合类属形成编码是一种更加详细的开放编码类型。当开始对文本进行编码赋值时，文本分析就不仅仅是某些文本的一个“标签”，而是对概念体系的综合考量。整合类属形成编码是将文本拆分开，以思考各种可能出现的意义。政策文本分析的目的是更加清楚地理解这些编码是如何抽象出来的，知道哪些是合适的文本，形成重要叙述线索的观念，以及根据文本行政知识发展自己的概念工具。

### （六）形成理论框架

形成理论框架是先将文本簇提炼成概念簇，然后整合形成具有逻辑的、系统性的解释性图式的过程。利用文本组合来建构整体理论框架是一种复杂性的活动，需要充分探究并从很多不同角度或视角进行抽象的概念体系，从而形成具有普适解释能力的理论框架。也就是说，政策文本分析的文本以及生成的理论之间发生互动是通过推动抽象解释的发展来实现的。

理论建构从理论抽样的核心变量开始，将核心变量整合在一个逻辑严谨的框架中。通过形成整合性的条件命题，政策文本分析把一个小样本的行政知识普遍化为一个包含行政知识的实质理论。因为有着收集文本、进行比较以及理论抽样的系统方法，理论建构能够充分解释组成类属的内在意义，从而使理论整合成为可能。

这些步骤使得所建构的理论框架需要具有承载能力，因为它们承载着关键类属的属性，可以赋予文本一定的意义，使得所建构的理论具有广谱性、深刻性、适用性。所以，与其说理论建构是要发现文本内部的秩序，不如说其要产生对文本的解释、组织和再现。

# 第二章　政策文本分析的证据支撑：政策文本

政策文本是进行内容分析和特征分析的关键证据支撑，是进行政策主体分析、政策工具分析、政策网络分析等的基础性资料。结合政策文本所处的制度环境与治理实践，可以从政策文本中挖掘与引申政策工具的选择与运用、政策的利益博弈过程、政策演变的内在逻辑等政策知识。

对政策文本的分析首先要走进政策文本，从政策文本的内容特征、格式特征、运转程序等维度构建对政策文本进行分析的证据支撑。其次，要走出文本，以研究问题为逻辑起点，将其转化为结构化的数据单元，从而实现量化分析。

## 一、政策文本的特征

近年来，政策文本已成为政策科学研究领域备受关注的研究对象。这是因为政策文本是客观反映经济社会变迁的政治系统输出物，其包括政策主体、政策问题、政策目标和政策措施等要素。作为政策分析的证据支撑，政策文本具有以下特征。

### （一）政策文本具有结构化或半结构化的特点

规范性测量政策文本的结构化或半结构化特征变量可获得客观的、可重复的、可验证的研究结论，即可以发现多政策文本中的政策目标、政策工具、政策网络等的变迁规律。比如，政策变迁记录了组织“冲击—回应”路径下的政治系统输出的变化，其实际是所在领域政治、经济、社会综合变迁下的反映。因此，政策文本的系统分析可以作为把握社会变迁和政策变迁的一个起点，通过分类、编码，增进对政策过程的基本认知，同时梳理出政策演变的逻辑和路径。

### （二）政策文本适合话语分析与语义分析等定性分析方法的引入

政策文本作为一种政治系统输出物，处于价值分配的中心，其以一种特定的话语体系符号规定价值分配的方式与规则。因此，理解复杂性的话语体系，有助于对政策文本进行主观与客观、诠释与解释的认知拓展。

（1）话语分析重视考查“政策的政治”，也就是产生政策文本的权力关系本身。将话语分析嵌入在文本的意义与命题中使用，实际上就是将政策文本看作一种官方话语，从而揭示文本中话语主体的权力象征及其社会结构。政策的话语分析涉及政策过程中的主体、客体、情景以及从政策文本所体现的语言中寻求政治如何博弈和权力如何运作的规律。

（2）语义分析主要考查政治话语的语境与意图，分析话语的政治意义，依托政策文本中的关键词、语句结构、主题字段、文本语境等基本研究要素开展语义分析、语境分析，解析其历史源头、语义变化，进而识别政治策略和政治精英的价值主张。

### （三）政策文本可以定位生产的治理情景

政策文本的意义指示和内容特征必须置于政策文本产生的社会历史中加以解释。通过对政策文本内在信息的挖掘和外部属性特征进行剖析，获取客观的、可验证的治理情景，结合客观的治理情景的分析，便可以获得以下研究成果。

（1）文本分析可以发现和印证治理演变过程。治理的过程就是随着情景变迁和问题界定的转变而对治理理念、治理目标、治理工具等进行的调适性适用。通过对特定主题的政策文本的研究，可以提炼出政策理念变迁、政策工具转变、政策目标演变等的要点，从而发现和印证治理演变规律。比如，通过研究中国产业政策文本可以发现，政策工具逐步由管制型工具向激励型工具过渡，反映出从计划经济向市场经济转变的历史变迁。

（2）政策文本分析对政策变迁过程的研究既能够展示不同历史阶段的政策特征，又能够描绘政策主题的变迁路径。比如，通过对各个历史阶段的政策文本主题的共词分析，明晰以特定关键节点作为时间阶段划分的历史时期的发展重点和政策主题。

（3）通过政策文本发布者的统计结果，分析不同阶段联合发文的政策主体之间议题的关联性，从而识别跨部门的合作网络与政策主题的关系。网络分析主要是以中心性等指标为依据对文本关联网络图谱进行整体性和核心性呈现，其可以揭示公共事务的交叉性和复杂性。

## 二、政策文本的特定格式

### （一）政策文本的结构要素数据

从政策文本的格式可以看出，其包括“时间”“发文字号”“文本功能”“发文机关”等基本结构要素，为网络分析、工具分析、变迁分析等文本分析提供了研究的前提与基础。

1. 时间

政策文本的“时间”结构要素包含“颁布时间”“实施时间”“失效时间”等多种信息。以这些精确的时间为基准定位治理情景，寻找与之有关联的文书资料，可以理解政策文本的政策含义和政策效果。此外，政策文本的“颁布时间”与“实施时间”存在时间差，因此可以围绕政策效力时间跨度、政策连续性等挖掘内涵丰富的政策效果评估等。

2. 发文字号

发文字号是政策文本较为独特的结构要素。政策文本的发文字号具有字母和数字组成的特定编排规则。字母表征政策文本发文机关、应用领域等信息，数字表征政策文本的重要性及发文时间等信息，如中国的“一号文件”作为年度首先颁布的政策文本，已成为一种特殊的政治符号，传递出政治系统在新的一年将重心放在资源重点配置领域的信号。

3. 文本功能

政策文本具有“功能”结构要素。政策文本存在着功能、性质上的差异性。在事务处理上分为规划、会议记录、调查报告、领导讲话稿、申请报告等。在功能上分为计划型、报请型、通知型、命令型公文。

4. 发文机关

政策文本“发文机关”在公共政策专业语境下可转换为“政策主体”概念，即拥有决定问题议程转换为政策议程的权力，并输出政策文本的政策主体。政策文本的“发文机关”在历次行政机构改革中存在分拆、合并、裁撤等情况，如市场监管、工业经济管理、能源管理领域政策文本“发文机关”的变革就比较复杂与频繁。因此，对政策文本“发文机关”变革历程进行梳理，可以反映数量的增减及职能分工的变化。

### （二）政策文本的文种要素数据

党政机关公文是党政机关实施领导、履行职能、处理公务的具有特定效力和规范体系的文书，是传达贯彻党和国家方针政策，公布法规和规章，指导布置和商洽工作，请示和答复问题，报告通报和交流情况等的重要工具。[1]由此可见，文种是对能够承载的工作任务的说明，不同文种的文体功能有所不同。2012 年 4 月 16 日，中共中央办公厅和国务院办公厅联合颁布《党政机关公文处理工作条例》，规定中国现行政策文本包括决议、决定，命令等形式。

1. 决议、决定

决议适用于公布会议讨论通过的重大决策事项。其中，会议通常是指中国共产党高级机关的重要会议。

决定适用于战略方向变更等对重要事项做出决策或者撤销下级机关不适当的决定事项。在人事任免上重大或需要说明任免理由的适用决定。

2. 命令

命令适用于公布具有法律效力的行政法规等。根据内容和表达方式，可将命令分为发布令、授衔晋级任免令、行政嘉奖令三种类型。

3. 公报、公告

公报适用于公布重要会议的重要决定、重大的外交活动以及宏观的统计数据等重大事项，如中国共产党第十九届中央委员会第六次全体会议的公报。

公告适用于对外宣布具有影响力或引起关注的重要事项或者法定事项，如公检法系统针对防范非法集资风险进行的公告。

4. 通告

通告适用于使一定范围内的群体遵守或周知的事项。一般机关、企

① 刘访．党政机关公文处理工作条例精解与范例 [M]. 北京：中国法制出版社，2012：330.

事业单位甚至临时性机构都可使用通告。事项可以分为两类：第一类是应当遵守的事项，即行为规范；第二类是应当周知的事项，如某局关于使用新的预约登记系统的通告。

5.意见

意见适用于对重要问题提出见解和处理办法。《党政机关公文处理工作条例》并没有规定意见这一文种是上行文还是下行文，因此上下级机关之间皆可用意见发文。

6.通知

通知是在实际工作中使用最频繁的政策文本种类，适用于周知信息的发布或批转文本、转发文本。其中，发布事项主要用于发布科层体系内需要有关方面周知、承办、联系、商洽的阶段性工作，如行政机关内部一般或正常人事任免、调度有关工作的成效或进度；批转文本主要是上级机关同意下级机关拟制的具有普发意义的待发布文本，即负责文本处理的承办单元取得发文单元的授权转发该文本，可用通知进行批转；转发文本主要是本单位收到上级机关或不相隶属机关已发布的文本，如认为有必要转发，可以本单位的名义转发。

7.通报

通报适用于传达重要精神和告知重要情况。其中，传达重要精神通常是指传达上级指示或有关会议的决定，告知重要情况通常是通报具有重要影响的事故、问题等的处理决定。

8.报告

报告适用于以反映情况、回复询问形式向上级机关汇报工作。汇报工作的报告通常重点汇报成绩和总结经验，简约说明存在的困难与问题以及今后的基本思路等。反映情况的报告主要汇报工作中发生的具有重要影响或意义的新情况、新问题，并做简要的分析。

9. 请示、批复

请示适用于向上级机关请求、批准等。其中，请求指示是指请求上级机关给予工作上的指导，批准指示是上级对下级所请示的特定事项在经过合法性或合规性审查以后的正式授权或同意的行为。

批复适用于答复下级机关的请示事项，与请示相互对应。请示必须答复并须及时答复，答复就用批复。

10. 议案

议案适用于各级人民政府向具有授权权限的同级人民代表大会或者人民代表大会常务委员会提请审议事项。对属于各级人大及其常委会职权范围内的事项，同级人民政府享有提案权的，可以用议案提请审议，审议通过后才能生效、实施。

11. 函

函适用于无直接隶属关系的不同机关之间商洽工作、询问和答复问题、协调与审批事项。

12. 纪要

纪要适用于记载与传达会议主要情况和议定事项。值得注意的是，行政机关内部会议纪要不得作为行政执法依据。①

## 三、政策文本的特定运转程序

政策过程本质上是一种复杂的利益协调、平衡、妥协的政治行动。政策的制定和实施，都是在既有政治架构和政治程序下进行的具有内部

① 中共中央，国务院. 法治政府建设实施纲要（2021—2025 年）[Z]. 北京：中国法制出版社，2021：4.

正式或非正式的运作规范和工作流程。一般来讲，政策文本的形成过程包括议程转换与开启政策之窗、问题界定与丰富方案、“上下来去”与“交换、比较、反复”、政策合法化与政策执行等多个步骤。也就是说，政策文本的形成是政策主体进行问题界定、方案丰富、价值排序、政策合法化的处理过程。因此，研究政策文本的运转流程可以揭示特定政策主题的政策过程。

### （一）议程设置与开启政策之窗

政策议程的建立是社会问题转化为政策问题的关键一步。问题议程是存在于政治系统外的、被公众广泛关注与讨论，或与治理理念存在偏差，因而产生政治压力的过程。政策议程是决策主体过滤进入问题议程的问题而纳入自身议事日程，从而获得注意力资源分配的过程。由问题议程进入政策议程的议程转换称为“开启政策之窗”，其受治理理念变迁、工作重点变换、突发事件应对、指标重大变化、媒体的阐释助推等因素影响。

### （二）问题界定与丰富方案

在确定了工作重点后，政府要成立政策文本起草小组并开始进行政策文本的起草工作。政策文本的起草过程也是信息的收集、整理、加工和处理的过程，包括问题界定与丰富方案两个阶段。问题界定就是决策主体对所要决策的问题的结构、成因、利益关系等关键因素与关键逻辑进行分析，一般用分类、提纯、简略的方法进行界定。分类是对问题进行结构拆分，使问题形成互斥型的类型学切片，不同类型代表着不同的属性。一般来讲，类型划分得越多、颗粒度越小越透彻，就越能找出问题中的关键因素。提纯是指在思维中排除那些模糊的基本过程及非本质因素，从而抽象出研究对象的性质和规律。简略就是用极简要的话语概括问题的关键构造，实际上是通过判断、推理等思维形式对已分类的材料进行去粗取精、去伪存真、由此及彼、由表及里的加工制作，从而在问题的多种属性中舍弃一些属性，强调某些属性。丰富方案是决策主体基于自身政策认知对治理情景、政策内容、政策工具的选择与适配。其中，治理情景的判断实际是问题界定阶段的抽象归纳；政策内容的选择是基于自身过往决策经历或其他决策主体典型决策案例所进行的策略学习迁移；政策工具的选择是基于政治可行性、技术可行性、经济可行性等维度筛选政策工具。丰富方案阶段的环节是紧密联系在一起的，任何一个环节的增加都会对方案的数量增加产生乘数效应。

### （三）“上下来去”与“交换、比较、反复”

征求意见是在政府主导政策文本形成过程的前提下，邀请其他社会团体对已设计出的政策文本进行可靠性和可行性的全面评估并向政府提出意见和建议的过程。一般来说，政府机关会建立决策专家库和咨询体系，由咨询专家撰写建议书供领导层参考。其中，领导指示通常会贯穿这一阶段的整个过程，旨在将自己的政策理念融入政策文本中，决定政策的基本走向。

### （四）政策文本合法化与政策执行

政策文本合法化就是将拟好的政策文本经过合法合规的政策流转程序，使其具有预设的效力，一般经过审议、表决公开等程序赋予其合法性。只有合法化的公共政策才能被公众认可、接受、遵从，才能得以推行，才能成为具有真正意义的政策。政策文本合法化包括行文理由与行文依据的合理性的实质性审查、政策合规与操作可行的合法性审查、文种选择与格式规范的形式性审查等。

政策文本特定运转程序，是从战略到决策、从决策到执行、从执行到反馈的客观呈现。通过对政策文本的分析，既可以挖掘政策文本的内在特征，如进行政策目标解读、政策工具运用、政策力度变化方面的研究；又可以计量政策文本的外在特征，如对政策扩散、政策差异、政策学习、府际关系的过程与特征的研究。通过公开的政策文本来研究难以直接观察的政策系统与政策过程，还需要研究者将政策文本与其所处的历史、制度和政策实践进行有效的“对话”，从而挖掘隐藏在政策文本背后的信息。

## 四、政策文本的数据化转化

将政策文本特征进行数据化转化可以为政策过程、政策内容、政策分析等建立桥梁，从而为探查政策系统的内部动力学提供方法。这些要素均内化于政策文本之中，因此对政策文本中要素的系统编码进行分析以及对政策工具进行分类，便可以更加细致、客观地探讨政策宏观发展过程。数据化转化具有系统性特点，即在政策内容或内容类目的取舍中按照依据一致的标准。首先，选择样本必须按照一定的程序，即按照明确无误、前后一致的原则来选择被分析的政策内容。其次，编码和分析过程必须以统一的标准进行系统化操作，以保证分析结论的一致性。政策文本的数据化转化是把政策文本中非量化的、结构化的信息转化为定量的数据，并以合适的类目分解政策文本内容，可以通过类目建构和编码过程抽象文本要素形成数据结构，从而分析政策文本的某些特征。

政策文本的数据化过程可以分为研究问题确定和样本收集、分析框架与分析维度设置、类目与编码具体化等环节。

### （一）研究问题确定和样本收集

研究者在对实施政策内容进行分析之前，必须先形成可验证的研究问题，提出恰当的研究问题以有效引导研究深入是设计成功的研究的关键环节。这是因为只有研究问题明确，才能够通过政策文本的量化内容分析发现隐藏在政策文本背后的逻辑。

在研究问题的指引下，研究者要界定研究问题所针对的政策文本总体和抽样单位，进而依据一定的方法选取研究政策样本。同时，研究者还须遵循一套完整的程序以发展出有效而可靠的测量和推论，具体如下：确定政策文本的检索方向、关键词、检索字段等检索策略；对不同层次、不同类型的政策文本进行整理和遴选，以提高样本选择的代表性、准确性和针对性；对政策文本进行整理、遴选，并对政策文本收集结果进行调整完善，以梳理出有效的政策样本。

### （二）分析框架与分析维度设置

政策内容量化分析要依据研究目的确定分析的维度或框架，这是确保政策内容量化分析科学性、合理性、有针对性的基本要求。一般而言，针对单个政策文本的内容量化分析多采用政策主体、政策客体、政策工具等分析维度；针对多个政策文本的内容量化分析主要依据这些分析维度在时间序列上的变化。从政策变迁维度分析，呈现前后相继、迭代演变的政策关系；从政策网络维度分析，既表现为在同一科层级别上围绕特定主题的政策扩散与政策集群现象，又表现为不同层级间的从战略到政策展开的政策细化现象；从政策工具维度分析，表现为多种具有可辨识度的程序的嵌入。下面对政策工具理论维度、政策网络维度、政策变迁维度等进行简单解释。

#### 1.框架与类目一：政策工具理论的维度

政策工具分析可以作为内容量化分析框架构建中的一个维度，其分类也可以作为分析框架的理论依据。政策工具是达成政策目标所采用的一系列显示出相似特征的活动，其焦点是影响和治理社会过程或致力于影响和支配治理进程的具有共同特征的方法、技术手段的集合。政策工具是“结构性”的，可以由“要素”或“模块”构成，既可以以单一“要素”和“模块”形成政策工具，又可以由一系列要素按照一定的方法和程序合理组织、组装成政策系统。随着治理情景复杂性、变动性、模糊性等的增加，政策主体与政策工具的交互、建构越发明显，政策工具逐步以决策主体的价值理性与工具理性结合的方法来选择、组合建构工具单元集合。

对政策工具进行分类有利于分析政策工具的特点，进而提升分析效能。比如，政策试点主要是进行问题探寻与方案选择，其在实践应用中呈现“从实践中发现方法”“典型试验、连环示范”“分类分层渐进式推进”的特征；规划－政策的目标治理闭环主要是进行目标治理，其在实践中呈现规划制定、目标分解、目标考核、激励嵌入的特征；项目制主要是形成以“要素跟着项目走”为标志的主体动员和资源整合，其在实践应用中呈现上级“发包”、下级“抓包”、资源引导的特征。

2. 框架与类目二：政策网络维度

政策网络分析为人们提供了一个了解政策过程中多元主体如何通过策略互动形成网络合作的视角。其理论总结了政策过程中所呈现的跨部门议程是多元利益主体通过博弈而推动的实践事实。政策网络是政策变迁中政策参与主体由关系链接与策略互动演化形成的网状结构。政策网络分析建构了政策变迁的新图景——多元的利益主体围绕议程、决策和执行而相互博弈。

以上政策网络分析所根植的变迁背景可以概括为政策网络分析的主要关注点，具体如下：第一，多元行动者以多种方式介入决策的问题界定、方案选择等决策过程，影响了决策与执行的循环速率；第二，多元主体参与驱动，使得组织设计日益精密化，从而产生了因组织设计导致的跨领域问题；第三，多元力量博弈的复杂互动建构了“议题变迁”，从而使得政策变迁的启动成为常态；第四，新知识和新技术的大量嵌入，使得决策体系交易成本增加的同时对环境反应迟缓，削弱了决策者对政策议程的主导能力。

简而言之，多元、多维、多层的网络状结构，增加了政策网络策略互动的复杂性。一方面，多元参与主体对某一议题的关注演化形成政策网络，并在策略互动与利益博弈中搭建了多元参与主体的行动舞台；另一方面，政策变迁实质是一个博弈过程，即各种参与主体运用其所掌握的资源来影响决策过程，以使自己的利益偏好能够被吸纳。简而言之，政策变迁就是政策网络参与主体基于利益偏好与自身可供选择的方案和资源而进行的策略互动。由此，从网络分析视角分析政策网络行动舞台、政策变迁与政策过程能有力地诠释政策网络与政策结果的因果机制。

3. 框架与类目三：政策变迁维度

政策分析有把决策主体拟人化的传统，即把决策主体视为一个统一整体。从人的行为分析的需求、动机、行为的分析框架得到启示，本书认为衡量和描述中国治理场域中的政策机制可以从政策策略、目标确定、手段选择三个方面进行考量。经过理论抽象，本书认为在中国治理场域中，决策主体的理念排序、目标转换、政策工具选择是理解长时期政策变迁的关键变量维度。具体体现为决策主体因具体理念排序发生变化而发生政策目标转换，随后在现有制度框架下应用方法论以及执行政策工具而推动政策变迁。在政策变迁过程中，社会经济变迁、不同利益群体的诉求等因素无疑会对政策变迁产生影响，但是这些因素都是通过理念排序、目标转换、政策工具选择的变化才产生了影响。

政策变迁理论框架的基本理论特点就在于从更长的时段、更宽阔的视野中来把握具体政策的变迁。如果从长周期角度去观察政策变迁案例，就会发现其中蕴含的政策变迁规律大多数与理论所应用场域的变迁规律相关。这一点在主流政策变迁框架的形成、发展过程中显现得更为明显。比如，多源流理论框架、政策网络框架等都强调政治博弈等在政策变迁中的驱动作用，这与理论产生土壤所具有的多元主义传统具有密不可分的关系。因此，研究者需要以更开阔的视野从理论产生土壤、理论发展过程、理论适用性等维度抽取理论元素，结合一定规模的经验案例发现并验证理论逻辑，从而使所建构的中层理论具有实践性的理论特征。

### （三）类目与编码具体化

在政策文本的数据化转换过程中，根据研究目的对政策文本进行单位化并选择合适的分析单元至关重要，因为分析单元的大小和性质将直接影响测量的层级和结果，进而关系到后续统计分析、解释的内容和质量。政策文本的分析单元是政策内容量化分析中以独立的关键词、关键段落等为对象的元素。

定义了分析单元之后，就需要考虑如何建立类目系统并将每个分析单位的政策内容资料转换为数字数据的过程。在操作层面上，类目建构是政策分析步骤中较为关键的环节，其不仅为后续类属编码奠定了基础，也是理论架构转换为实际操作的较直接、较关键的桥梁。在定义分析单元、设置类目之后，研究者要对每份政策文本进行仔细研读，对已遴选出的公文内容按照“政策编号—条款序列号”的顺序进行编码，进而形成基于政策内容量化分析单元的编码表。在实际操作中，研究者要依据第二步骤中确定的分析框架，对政策文本进行类目设置。在界定分析单元基础上，抽象的类目系统标准需要遵循统一性、穷尽性和互斥性的原则。以 Python 软件为例，Python 使用词典对文本进行自动分类和文本挖掘，可以将已存在的分类字典应用到新的文本集合中，也可以用来开发新的分类词典或分类方法。利用 Python 可以统计词语的出现频率并将其按某一变量进行分类。Python 可以帮助研究者对数据中的主题词、主体段进行收集和记录，并用编码语言进行标记和分析，如对文本概念进行抽取，以及构建可以反映这些概念之间的关系的数据文件，从而形成族谱图等。

# 第三章　文本研究方法的理论基础一：文书行政

"文书行政"是行政运作得以实现的主要方式。文书行政是指国家相关政策的颁布、执行，以及政务的处理、沟通等主要通过文书向上汇报、向下传达与平行沟通的方式进行。文书行政推动了政策价值、政府目标和组织运行的实现：文书通过对行政程序的系统性建构，实现了行政核心价值追求与政策目标在科层组织内部的传递与转换；文书通过在科层组织内部之间的有序流转，实现了政府合法性建构；文书实现了行政运作信息的流通，保证了科层组织效率，为行政运作提供了坚实的组织系统基础。

## 一、中心议题：文书行政的核心功能

在政府运行中，文书扮演着重要角色。文书嵌入政治场景中，不仅是政策的主要载体形式，也是行政运行的保障。比如，王充认为："萧何入秦，收拾文书，汉所以能制九州者，文书之力也。"[①] 萧统在《昭明文选》中也提到过曹丕曾说的"文章，经国之大业，不朽之盛世"[②]。国内外已有学者注意到文书行政在合法性建构和行政运作中的重要作用，并注意到其作为行政工具嵌入行政程序的作用过程。汉人有"以文书御天下"[③] 之语，即是对公文文书所发挥作用的高度概括。

在行政运作中，为什么形成了"文书行政"的治理传统？本章从"文书行政"的功能视角对这一问题进行回答。任何行政科层组织，首先要面对和解决的问题是实现自身公共价值的建构与表达，实现合法性的生产与持续；其次需要通过制度建构实现内部激励与规训，从而落实行政目标；最后要通过人岗匹配、资源分配与信息沟通形成高效的组织化运作体系。而文书行政恰恰是能够实现以上功能需要的合适组织形

① 王充．论衡[M]．北京：世界书局，1935：131．

② 萧统．昭明文选[M]．北京：团结出版社，2021：720．

③ 卜宪群．秦汉公文文书与官僚行政管理[J]．历史研究，1997（4）：35-51．

式。文书行政以文书为载体，围绕组织目标建构了价值传递、组织运行和制度扩展。文书实现了组织价值的传递，文书行政组织的价值排序与意识形态通过文书行政得以传递和感知；文书实现了组织内制度的良好扩展，组织的制度通过文书实现任务与工具的适配。

## 二、文以载道：文书在行政运作中的价值排序功能

价值排序的传递是文书行政贯通整个政府价值的核心功能之一。文书在行政运作中具有基础性地位，这源于其具备的合法性塑造功能，行政价值排序通过文书得以实现，从而对合法性的形成起着至关重要的作用。对行政运作而言，行政文书的首要任务就是塑造和维系价值系统的价值排序，从而实现合法性建构，主要是通过资源跟进、利益激励与项目嵌入等配套政策工具，将涵盖多元政策目标的复杂目标体系在科层体系中实现传递。文书行政的价值排序传递先在科层组织架构中的下行嵌入包含目标设定、目标分解、目标考核的文书治理目标，然后借助科层制的组织功能与激励功能，形成整合与动员组织内资源协同完成所设定目标的治理循环。这种价值排序的传递具体表现为以文书行政为载体与核心，配套多种政策工具，即通过对目标进行横向与纵向分解，将相关主体、政策工具、政策客体集中置于目标场域，并通过持续的考核与奖惩来实现目标设计。

### （一）文书行政展开从战略到政策的行动

文书行政能否在科层体系中以易于理解和具有可行性的语言诠释与传达战略愿景成为从战略到政策展开顺利与否的第一个考验。文书行政从战略到政策沟通形成的理解，使得意义深远的战略愿景转换为可行的政策实施成为科层的共识，从而使得特定层级对目标愿景的认识遵从文书行政所描绘的战略愿景轨道。在这种情形下，层级间主体就根据各自

对战略愿景的理解付诸不同的政策制定与实施，形成统一战略愿景下与整体战略衔接的各方主体行动整合与累积行动效果。文书行政使得战略愿景的长期性规划转化为层级中部门、个人的微观目标，且同一层级不同主体的目标相互协调，从而使部门与个人的微观目标锚定于科层制对部门的职能定位，为长远战略目标的实现形成合力。通过文件传达、文本典型与示范、行动展示，文书行政在价值排序中得到自上而下的传递。自上而下传递的目的在于把宏观的战略愿景分解为具体的政策目标，依照科层体系保证治理闭环中的主体以日常工作连接战略目标与指标，从而支持整体战略的实现。

### （二）政策文本中政策话语具有的价值排序功能

价值排序中的政策在科层体系中传递，通过政策传递、政策示范过程，政策中的价值排序真正转化为自觉的政策行动。一般运用政策话语引导科层体系中的议程设置。政策话语是贯穿政策制定、政策执行，力求实现政策合法化（获得公众认可）而向科层体系传达的内容集合和信息载体。政策话语将价值理念、利益引导、规训惩罚以政策文本的形式表达，起到引导认知、主张规范、协调沟通作用。

### （三）政策文本目标传导中的价值排序功能

目标向下传导机制是指在层级间的向下传达以何种内容和合作方式实现目标任务的机制。这种机制包括层层分解目标、压力传导推动、自由裁量权的调适。层层分解目标指目标治理机制会将战略愿景以文书行政的形式在层级间进行目标分解，这种分解包括部门目标分解与阶段目标分解，并通过奖励与处罚措施保障分解目标的实施。文书行政自上而下形成行政压力传导机制是科层中的上级组织通过绩效考核、奖惩机制、资源分配等调整下一层级行动与目标显著不同的行为的方式，从而促使层级网络行动按照战略愿景完成目标。这种行政压力传导机制集中体现在规划－政策的目标治理闭环的约束性指标设置中，在文书行政中通过“层层分解、层层监督、层层考核”的目标管理发挥目标跟踪、目标导向作用。自由裁量权的调适是为了适配具体多样的治理情景，因此自上而下传递的目标会呈现由粗到细的过程，且会预留进行目标与情景调适的空间。也就是说，科层体系越往上，目标越呈现框架性、战略性。

### （四）以政策文本建构治理闭环实现价值排序传递

价值排序是协调战略愿景统一性与作业级政策环境多元性矛盾的有效治理方式。其实质是通过多层级的沟通以及层级间自上而下的战略愿景引导与层级间激励、检查来实现层级间行动与目标函数的耦合。价值排序内的这种耦合是一种发包设计：治理闭环中的网络或层级顶端通过科层体系的高位势将战略愿景分解成战术级的目标与标准发包给下一层级，中间层级将战术级目标依据政策环境细化为作业级考核指标并进一步发包给作业层级，最终的作业层级在考核指标的指引下进行响应，从而实现作业级目标并累计形成战略愿景。

价值排序的优势之一就在于发展出从战略到政策实现过程中的战略规划愿景和政策制定能力中衍生出的衡量和管理系统。实际上，价值排序是一种战略实施机制，而非战略制定机制。这种闭环机制将文书行政中的业务单元战略实施、外部治理需求、内部业务流程的战略内容转化为特定形式的以指标集合呈现的文本，并嵌入信息反馈与监督实施环节，以使其成为完整闭环。规划－政策目标治理闭环中的目标分解即以更具广泛性和整合性的目标分解机制，进一步将组织流程、组织学习、治理需要、治理绩效整合成闭环。价值排序则通过全面的目标分解框架将使命和战略转变为组织流程、组织学习、治理需要、治理绩效的目标和指标框架。

在规划－政策的目标治理闭环中，关键驱动因素的分解是在叙述文字描述的基础上，通过治理实践滚动进行细节化分解。价值排序嵌入文书行政的初始阶段面临实施情景与具体政策绩效无法评估衡量的问题，因此建议采用文字叙述载体指标陈述战略级及作业级目标，通过逐步的实践试探形成基于关键驱动因素分解有效可达成的指标体系。这说明应该在文书行政实践中建立规划－政策的目标治理闭环与关键流程优化、关键驱动因素改进的联动机制，使管理层能够及时根据战略目标在框架化设定中的重点调整优化关键流程，重新布局在关键驱动因素的资源投入。价值排序通过规划的愿景性设定划定了衡量文书行政的宏观目标范围，并成为引导组织架构重构与业务流程再造优化、职权边界再次划分的依据。

## 三、文以成制：文书在行政合法性建构中的权威生产

文书是行政运作体系建构和运行中的决定性力量之一，在行政运作中充当着架构权力和实现治理的基本载体。文书行政是特定治理秩序的规范性、合法性生成的来源。文书是政府合法性的载体，可以从政策议程设置中发现政策的合法性获得与价值的权威性分配。

### （一）文书与信息传递

科层体系的形成和演化与文书行政所具有的功能密切相关。科层体系要实现政策的上下通达与科层体系内多元主体的协同配合，还需要依赖一套行之有效的信息系统，以维持行政运作的稳定。文书就是行政运作科层体系内部联系不可或缺的形式和通道。行政运作通过各种上传下达、平行沟通的方式，建立了一个纵横交错的行政文书系统，该系统类型划分详细，运转程序严谨，用途与类型匹配，维系与巩固了科层体系的运作。可以说，行政文书申报和审批机制的变迁，折射的是行政资源

配置、行政结构关系的变迁。在行政运作中，科层组织信息的上传下达主要依靠文书的运行。文书中的信息传递可以通过以下方式进行：一是将科层体系向上行文的一部分纳入科层制上级的政策议程中，以实现对实践信息的吸纳；二是将文书中的具体事项定向批复给特定职能部门，并要求其按照批复的意见进行办理；三是向下发文，对特定政策议题表明政策方向与决策主体的注意力资源配置重心。

### （二）文书与权力配置

特定的文书流程设计反映了特定科层体系中政治秩序与组织架构中的权力配置，这是因为通过文书行政的科学设计，科层体系形成了分工、配合、制衡、执行的运行结构。

文书行政是使整个科层体系实现运转的核心程序，一般通过对文书的生成控制、等级运作、闭环运作实现对治理流程的全面统筹与组织秩序的有效建构。文书的生成控制是指科层体系的设计者与运行者是整个公文运作流程的控制者，其可以启动、改变与终止文书的运作流程、形式特征、内容特征。文书的等级运作是指文书根据上行与下行的形式特征有报告、请示、批示、批复等分类规定，并且在公文的科层纵向间的上报、下行等层间运行也进行了高度等级化的规定。文书的闭环运作是指文书的上行与下达是政策过程的一个环节，与之相匹配的是政策运行情况的汇报。

另外，各级科层组织体系内还有大量的考绩、管理文书，如台账、考评表、鉴定材料，这些细密的考绩、管理文书反映出文书行政具有政绩的监督考核作用。对于科层体系来说，能否以政绩考察为抓手推进工作，是组织运作是否有效和效率是否提升的关键。文书行政通过多层次、多来源的政绩考察途径实现对科层体系成员的考核与激励，同时能够完成不同行政部门与业务部门的政绩查验。

值得一提的是，文书行政设计的有效性还是文书和科层制效率的保证。文书行政在实现科层体系效率方面主要从规范处理流程与处理时限限定两方面入手。为使文本成为行政运作的重要凭证，文书行政在留痕方面进行了主要限定，以保障其严肃性、权威性和准确性。比如，湖北云梦出土的秦简《内史杂》规定："有事请也，必以书，毋口请，毋羁请。"即要求文书的上传下达要采用书面文字形式，而避免口头请示形式。此外，在规范处理流程方面，文书行政程序对文书的分类、体式进行了规范与统一，并要求按照处理事项选择合适的文书类型。

## 四、文以成治：文书在行政运作中的制度设计

文书在行政运作中所形塑的制度设计正在深刻影响科层体系内文书行政开展工作的理念与方式。集中表现为根据"中心任务""日常任务"等任务情景的特点适配不同治理工具，从而保障组织任务的落实与组织目标的实现。文书在行政运作中所建构的制度设计已经形成了可资借鉴的典型范式，即目标和过程通过政策工具与任务类型的联结和匹配得以实现。

### （一）文书行政程序的内涵与特征

制度设计是为实现某种功能而对特定处理流程进行的分析、设计、编码与测试安排。[①] 科层体系中的制度设计指为满足组织管理需要，根据任务结构进行任务分类、复杂性降维、模块化工具适配等，呈现为组织、制度与权力等治理要素在具体治理情景中的延伸的文书行政工作，它系统作用于中心工作、日常工作等。

制度设计的第一个重要特征是面向同类行为设计，即面向组织运行

① 钱能 .C++ 程序设计 [M]. 北京：清华大学出版社，2005：13.

的任务判定、资源来源、应对主体、沟通协作等步骤进行工具设计。制度设计在设计过程中将同类行为分为面向对象与面向过程进行设计。面向对象指制度设计通过分类实现复杂性降维的处理，面向过程指制度设计通过模块化实现对任务的分类封装。

制度设计的第二个重要特征就是目标导向，即文书行政中的制度设计是领导为达成一定的组织目的而对处理流程、组织架构、资源配置做出的安排，如常规工作制度设计的目的是为中心工作与亮点工作的开展提供组织资源支撑；中心工作是为实现组织首要目标与重要工作而对治理体系中的组织、制度与权力等治理要素的高效化适配。

### （二）文书行政进行制度设计的基本元素：任务与工具

文书行政进行制度设计所要分析的任务情景是复杂的。它们由大量存在于组织、任务与工具的复杂关系组成。而将任务－工具的关键逻辑分析作为分析的主逻辑可以定位任务的目标界定与组织产出两个关键节点，从而理顺任务与工具之间的复杂关系。

#### 1.任务的基本样态：中心工作、日常工作

任务是科层体系的功能设定与维持组织运行的依据。实践中文书行政会对任务进行“弹钢琴”式的分类治理，即依据事项的来源、轻重缓急、考核力度并结合治理情景对事务进行分类。任务基本样态一般可以分为中心工作、日常工作等。

（1）中心工作。中心工作是经过长期实践形成的在任务多样性中设定优先顺序的治理方式，文书行政围绕每一时期的工作重心和工作秩序组织文字工作。中心工作在实践中常以“一票否决”“硬指标”“政治任务”等文字形式予以呈现。其根据任务期限可分为长期性中心工作和阶段性中心工作。长期性中心工作一般是维系组织存在的功能设定，能够

在规划中予以跨年度的连续性安排，主要包括组织成立的功能性定位任务、组织获得生存资源的任务。阶段性中心工作一般是打破了年度内科层系统中的日常任务排序而成为中心任务，主要包括应对影响组织稳定与发展的突发性事件的任务，以及为具有重大意义的活动或政策保障或造势的专项责任工作。

（2）日常工作。科层组织的日常工作可以用“办文”“办会”“办事”来精练概括。具体来讲有以下三种。

①办文。“办文”是指围绕文书文件而产生的一切事务，主要是借助科层体系权威进行文件的收发、运转等过程。其具有为科层体系公认的特定格式特点，以及为科层体系公认的收、发特定处理程序与行文规则。[①]

②办会。“办会”就是办理与会议相关的组织事务工作，其是科层体系良好运行必备的常规工作。“办会”实际上就是通过思想动员、协调共识、工作布置、督查反馈等达成政策执行、资源调动、偏差调整的过程。“办会”工作自始至终同“办文”工作紧密地融合在一起，并以通知、议程、决议、记录等形成文字，从而运转与落实组织会议。

③办事。“办事”即处理事务性工作，是为科层体系的所有工作提供的后勤、保障、辅助等服务或基础性工作。“办事”包括组织人事工作与财务管理工作。

2. 文书行政任务与工具适配设计的逻辑：任务判定、逻辑选择及工具适应

文书行政进行制度设计的基本逻辑就是基于任务分类建构“适配响应”框架，其中任务判定、逻辑选择及工具适用是文书行政进行制度设计的关键步骤。

---

① 周光辉，隋丹宁．从文书行政到文件政治：破解我国规模治理难题的内生机制[J].江海学刊，2021（4）：247-253，255.

（1）文书行政进行制度设计的任务判定。任务判定是文书行政进行制度设计的首要步骤，其是根据所占有的信息进行任务分类，从而使有限的资源能够实现效益最大化。这意味着决策者对任务的排序取决于其对各种目标实现可能的理解与预测，即前面提到的文书行政会对任务进行“弹钢琴”式的分类治理。

任务判定将具体任务的任务结构、任务来源和任务目的等关键特征抽象化，并与已有的任务分类标准相核对，从而判定任务类型。首先，任务判定有明确的对象。任务判定的对象是所面临任务的一系列属性，包括任务来源、资源配套、任务急缓等。其次，任务判定要着重判断任务中的目的排序，即任务判定的目的并不在于识别任务目标，而在于通过深入分析进行任务的目标排序。最后，任务判定过程实际上是在消解任务与任务之间以及任务与资源之间的紧张。

（2）文书行政进行制度设计的逻辑选择。文书行政进行制度设计的响应逻辑是文书行政依据任务类型进行的计算、规划过程。文书行政的响应逻辑表现为文书行政的价值排序会定义其所面对任务的问题结构及意义指向，从而影响任务与工具适配的建构。

这些响应逻辑包括降维工具选择、耦合工具选择和混合工具选择。降维工具选择是基于任务类型的区分在工具选择中删除或者边缘化某些工具特征选项，以消除任务与工具适配的复杂性。耦合工具选择即通过增加不同政策工具的链接或改善政策工具之间的协同性来应对任务复杂性要求。混合工具选择是指文书行政对复杂任务所采用的工具架构进行设计或建构任务型矩阵架构，以整合与容纳多重工具的响应逻辑。

（3）文书行政进行制度设计的工具适用。现代化治理体系下，文书行政进行制度设计的核心逻辑在于从任务的核心特征出发，选择适用的工具进行适配。更具体地讲，在具体的治理情景中，需要根据工具与治理情景的具体特征灵活选择工具。

工具特性、任务性质、领导经验等都会影响工具选择，文书行政需要综合考量这些因素，以做出工具与任务的渐进调适，从而形成组织学习过程。这一过程需要根据每种治理工具的治理主体、资源配置、实现目标及治理方式的独特结构与特征在实践中匹配或创制相应的治理工具，实现任务完成的目标。

为了顺利完成长期性中心工作，可以引入“规划 - 政策的目标治理闭环”工具。规划 - 政策的目标治理将中心工作任务体系做可操作化考核技术分解，从而形成强动员、强激励的压力传导，使整个科层体系形成明显的围绕中心任务指挥棒运作的治理功能。其在实践中的操作包括以下几个方面：第一，提炼中心工作，形成特定规划指向的符号化表征，统筹组织与资源围绕特定的任务指向，进行注意力资源与物质资源的集中，形成愿景引导。第二，规划中心工作布局，组建资源吸纳与分配平台，围绕中心工作组织整合资源，从而将资源转换为完成中心任务所需的要素，形成资源支撑。第三，进行周期性工作进度展示，形成“赛马”机制，即定期对中心任务进度进行展示，以工作进度墙形成“赶比超”的氛围，从而形成压力传导。[①]第四，运用绩效兑现技术，组织制定绩效兑现管理办法，将中心工作阶段性任务的完成期限、完成质量与激励兑现挂钩，从而形成组织激励。

## 五、结论

“文书行政”实际上是决策主体将具体问题、事实抽象界定形成回应的政策文本，并以此为依据重新嵌入社会进行治理实践的过程。首先，文书行政有明确的对象。文书行政的对象是治理对象，更精确地说

① 吴茵．赛马机制如何有效激励地方政府创新[J]．行政管理改革，2022（8）：38-46.

是治理对象的一系列属性。其次，文书行政具有特定的治理目标。换言之，政策文本的目的在于通过一系列策略嵌入问题或事实，实现治理对象的帕累托优化，如决策在科层体系内的传达，或治理场景信息在科层体系内的上传。概括而言，文书行政等同于一系列手段、技术、程序、应用标准和目标。治理工具运用于行政科层体系中，将事实抽象为文本，将文本转为决策嵌入。第一，文书通过对科层体系内意识形态的建构与秩序的规范，有效传递了科层体系的价值排序；第二，文书通过在科层体系内的有序流转，塑造了行政运作的组织效率；第三，文书通过对信息传递、行政效率的保障，为科层制这一行政运作的组织系统提供了坚实的运行基础。

治理是科层体系依据政策文本对所呈现的政策议题、政策诉求进行的应对、规划与控制的过程。政策文本是把具象的政策议题、问题议程、政策诉求转换成抽象的政策文本的过程。政策文本不仅是对政策文本所反映实践的抽象复制，其制作也会受到文书行政程序与技术发展的影响。政策文本的内容本质上是抽象的。这种抽象的政策文本和治理对象之间有一层面纱，这层面纱就是整个行政程序。可治理的政策文本必须经过和实际政策文本的分离、抽象和加工过程。重新经过编码之后的政策文本为政府的治理提供了必要的基础。因此政策文本具有如下特征：首先，它像标本一样将具体的实践抽象复制到政策文本中；其次，政策文本是科层体系理性化的工具。对科层体系进行治理主要是通过政策文本实践全面统筹科层体系内的资源，并且通过配置使资源有较大的产出，并依靠技术知识对治理流程进行标准化与规范化设计。

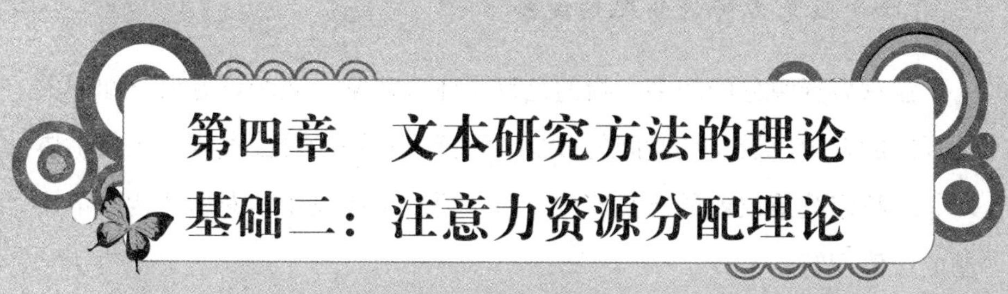

# 第四章　文本研究方法的理论基础二：注意力资源分配理论

## 一、注意力资源分配理论简介

注意力资源是组织运作中的稀缺资源，资源的稀缺性体现在决策主体的注意力资源在差异化议题的问题界定、方案丰富与选择等过程中存在分配张力。这种分配与竞争影响政策过程，具体如下：在政策过程的问题界定中，注意力配置影响对所获得信息的筛选与过滤；在备选方案的丰富中，注意力配置影响备选方案的编辑方式；在方案选择中，注意力配置影响选择框架的建构。

### （一）注意力资源分配的概念

注意力资源分配的多少指的是科层体系对某一政策议题所分配的关注程度的多少以及持续时间的多少。注意力资源的分配过程是决策主体对某一特定政策议题的意义建构过程，反映了决策主体对所建构政策议题的价值理解。

在多任务、多目标、多层级的治理情景下，科层体系面临着政治、经济、社会、生态等不同领域议题事项的利益博弈、舆论变化与危机事件的议题压力，问题的紧迫程度、重要性排序以及利益相关方的利益博弈都会吸引科层体系的注意力，各个领域都希望获得科层体系更多的政策关注与资源投入。在议程设置中的某一政策得以出台的关键前提是决策主体能够将该政策议题纳入议事日程之中，即特定的议题能够吸引决策主体的注意力，从而由问题议程进入政策议程。基于此，注意力资源的分配便构成了科层体系运作和政策实施的关键性内容。这种注意力资源分配主要包括三个方面。

1. 注意力资源的配置比例

注意力资源的配置比例能够反映所有进入政策议程的议题在整个政

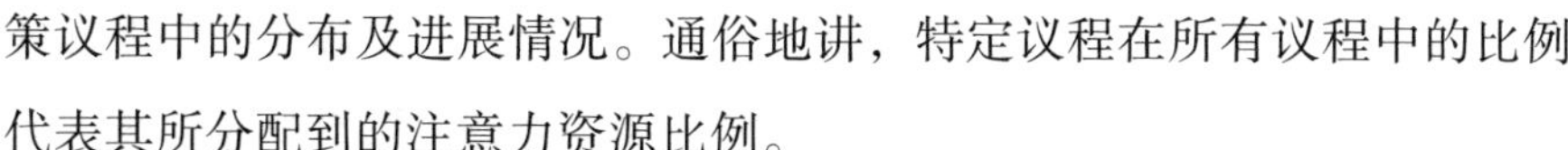

策议程中的分布及进展情况。通俗地讲，特定议程在所有议程中的比例代表其所分配到的注意力资源比例。

2. 注意力资源的多样性

注意力资源的多样性指的是决策主体在议程空间中对不同政策议题所分配的注意力的分散性程度。也就是说，如果从纳入政策议程的议题数量与分散性程度来考查注意力资源分配的多样性程度，其分布次数函数图像越扁平，纳入政策议程的议题就越多，代表注意力资源分配越多样化。一是纷繁复杂的各种信息所形成的信息爆炸与信息碎片对决策主体形成“信息过载”，判断接收和处理信息的注意力容易分散化；二是决策主体理性的有限性意味着决策主体难以有效地以“并行”方式处理信息，而只能以“串行”方式顺序处理信息，使得多项政策议题的注意力配置之间呈现此消彼长的“零和博弈”。

3. 注意力资源的稳定性

注意力资源的稳定性指的是决策主体在某一政策议题上所投入的注意力在历时维度上的相对稳定的渐进调试与突然发生剧烈跃迁的变化情况。“间断－平衡”出现的原因在于决策理性的有限性和组织的“制度摩擦”。

（1）有限理性的顺序处理“信息流”的方式使得在一定时期进入政策议程的决策议题的数量是恒定的，并且会滞留在议程中一段时间。此外，决策主体更偏好从过往经历中提炼处理问题的框架，并以此解决新生问题，这种路径依赖也会显现注意力的稳定状态。

（2）在专业化分工的科层体系中，协调问题所产生的“制度摩擦”使得决策主体难以及时响应政策问题信号，从而进一步放大了有限理性下对特定议题的持续时间。

（3）问题流、政策流、政治流三流汇合推动议题由问题议程进入政策议程，决策主体响应并开启政策之窗，发生政策“间断”的变迁。

### （二）注意力资源分配的影响机制

决策主体差异化的注意力配置模式会对其后续的政策效果产生一系列的影响，这种影响主要通过“注意力的偏好投射”“注意力的组织投射”“注意力的环境投射”等三种机制发挥作用。

第一，“注意力的偏好投射”意味着组织决策主体对各个议题事项的注意力配置是有选择性的。这种选择性反映了决策主体的议题偏好。获得更多注意力资源配置的议题事项，同样会获得更多的后续资源支持与组织保障。“注意力的偏好投射”意味着注意力在不同议题间的整体配置结构会影响决策主体的行为模式。比如，决策主体的注意力更多地聚焦在未来事件上时，决策主体偏向于选择对政策进行创新并在决策时采用验证模式，即需要投入更多的资源进行政策创新。

第二，“注意力的组织投射”是指在问题议程纳入政策议程的议程设置的关键环节中，政策议题所获得的注意力数量不仅反映了该政策议题在决策主体议程中的优先性地位及组织资源支撑，也反映了政策议题所属职能部门的相对组织地位。实际上，科层体系的机构设置本质上是一个注意力分配问题，组织结构或组织功能设定与组织机构应对政策议题所获得的注意力资源配置相关。

第三，“注意力的环境投射”主要指外部环境的风险敞口使得不同任务、不同议题对有限注意力展开竞争。风险敞口主要是指问题的重要性和严重性、问题解决的投资收益比、解决问题所需要的资源。而科层内部的风险压力越大，越是能及时获得决策主体的关注。科层体系所处外部环境的变化速率能够显著影响决策主体的注意力分配，从而进一步影响后续的科层体系行为。也就是说，决策主体的关注焦点在于议题特性、方案与议题的配对能够经受组织功能结构设定、组织风险承受能力与组织资源支撑的框架化过滤。

## 二、注意力资源分配理论的变动过程

注意力资源分配是决策主体决策的中间转换环节，最终表现为政策结果或决策主体行为的输出。政策变迁是决策主体在组织功能定位与资源支撑约束下，以目标导向与问题导向为分配方向对注意力资源进行分配的动态过程。从注意力资源分配的视角看，表现为目标多元、利益冲突、情景模糊下决策主体内部注意力传导机制及其所引发的注意力并行或聚集变动的结果。比如，在财政资源分配上，决策主体的注意力资源分配影响财政支出的方向与规模，表现为预算报告在具体项目或支出规模的“间断－平衡”变迁；在政策决策主体内部运作机制上，注意力配置变化导致政策决策主体内部运作机制不太稳定；在政策执行上，领导注意力的变动导致权威和资源发生变化，进而导致政策在快速和缓慢中波动变迁。

政策的模糊性、冲突性以及多重目标导致科层体系内的多层级的互动的注意力并行、中断、偏差，进而呈现“间断－平衡”的政策变迁。一方面，上级决策主体通过常规机制和动员机制等纵向传导机制引导下级决策主体的注意力资源分配的方向，常规机制与动员机制的切换引起注意力分散与聚集的状态变化。另一方面，职能部门采取自发扩散和“议题捆绑”扩散机制有利于自身目标获得其他同层职能部门或上一层级职能部门的注意力资源。自发扩散机制采用不刻意推动的方式引导其他部门注意力资源分配的方式，致使政策变迁缓慢；“议题捆绑”扩散机制推动部门注意力聚集，致使政策出现变迁。以上两点可抽象概括为议题属性与决策主体内部运作机制议题属性决定了注意力资源分配的可能程度，决策主体内部运作机制则在具体领域分配的程度以及时间历时性的变化中进行调节。

### （一）议题属性

议题相对优势、可兼容性和可测量性等属性是议题的内在特征，对政策系统内的扩散速度和学习机制的启动等政策变迁具有决定性影响。不同政策属性与注意力分配之间呈现一定的关联，具体如下：决策主体主要从议题的显著性、权威性、可行性、绩效可测性、时间压力等方面考量如何进行注意力资源分配。概括而言，议题具有显著性特征的对议题不具有显著性特征的形成注意力资源争夺；议题具有政治势能权威性特征的对议题不具有政治势能权威性特征的形成注意力资源争夺；议题具有治理资源支撑即可行性强的对议题缺乏治理资源即不具有可行性的形成注意力资源争夺；议题具有绩效可测性特征的对议题不具有绩效可测性特征的形成注意资源争夺；议题具有时间压力特征的对议题不具有时间压力特征的形成注意力资源争夺。

### （二）决策主体内部运作机制

决策主体内部调控机制主要以综合运用政策试点、项目制、规划－政策的目标治理闭环、集中治理等政策工具来引导变迁机构调整变迁状态。实践中的决策主体的内部运作机制是对所面临的任务进行目标、内容的资源分配，形成处理的优先级排序。这是因为在专业化分工的科层体系中，专业职能部门的注意力分配与其权威来源和分工职能相关。在科层体系的多层级多职能的体系建构中，决策主体通过对任务的中心任务与非中心任务两种属性、常规与非常规运转程序的切换建构向决策内部传递注意力资源配置的优先级。

（1）在科层体系的常规运作程序中，注意力资源分配一般通过文件传递、会议、规划－政策的目标管理传递等形成沿科层体系架构传导的特征。一般采用目标考核激励、考核晋升激励的方式推动注意力资源分配在具体领域的持续，这时政策变迁处于渐进的稳定状态。

（2）职能部门面对自上而下的压力传导及治理情景中的复杂性、模糊性、变动性、不确定性时，会采取相关策略进行应对，从而使得注意力资源出现耗散。

（3）决策体系在常规程序收效甚微时，就会启动非常规程序来进行压力传递。这种非常规程序主要以集中治理、增大文件下发与会议召开密度、成立专项工作组实现协同、启动督查问责的典型治理等动员方式形成跨部门的牵头与协同。在这种议题与密切注意力分配相捆绑的机制下，政策变迁进入快速变迁阶段。特别值得关注的是，决策体系面对不确定性主动适用政策试点工具一般是未来政策创新、制度创新的重点。

## 三、注意力资源分配理论的驱动因素

科层体系决策主体所面临的治理情景中组织外部的环境刺激与内生于组织内部的环境刺激决定了决策主体对组织议题事项的关注度，由此产生决策主体对议题进行过滤的过程。科层体系所处的情景中存在大量影响注意力资源分配的驱动因素。这些驱动因素可以提炼为议题偏好、政治周期、委托代理、信号压力、治理资源的可获得性五个要素。

### （一）议题偏好

决策主体的议题偏好受组织自身功能定位的影响。科层体系在“多任务 - 多目标”的情景环境下时，某项政策议题所能获得注意力的多少通常取决于议题事项本身与决策主体职能定位的亲近程度大小。在某项特定政策领域的具体设计中，决策主体也会有意凸显与其自身功能定位相关的议题偏好。比如，在治理实践中，经常会出现“× × 政策的出台是为了服务于当前本单位中心工作的大局”的政策表述。

组织功能定位反映了“组织应该做什么”以及“组织应该成为什么”

的问题，即组织功能定位反映了组织成员对于所在组织的结构设计、任务重点和注意力分配区别于其他组织的核心特征的共同认知。在决策主体内部运作机制中，这种差异就会体现在决策主体对多元政策议题的差异化偏好上。比如，有些政策议题被界定为反映决策主体身份的核心任务，并获得更多的政策关注，影响组织内各个议题所属职能部门的优先地位与资源动员能力。又如，在科层体系搜寻备选方案或寻找政策学习模板时，某一备选方案与科层体系身份高度相关就会提升该备选方案获得科层体系关注的可能性。

### （二）政治周期

具体政策议题所分配到的注意力资源也会受到决策主体换届所引发的政治周期因素的影响，即在区域治理情景中的政治周期更替下，主政官员的个人特质及其所处的政治周期会影响科层体系对各类政策议题的偏好，这主要体现在政治周期中主政官员的年龄与任期、专业背景与工作经历等因素的变化。

#### 1．年龄与任期

处于不同年龄与任期阶段的地方主政官员所面临的政治激励是存在差异的。因此，决策体系会在不同时间点上表现出政治周期的注意力偏好变化。比如，科层体系对于经济发展类议题的行为激励会随着年龄与任期的改变而相应地呈现出“非线性”变化模式。在任职初期，地方主政官员通常偏好经济发展类议题。然而，在任职达到一定阶段后，伴随着晋升激励的减小，主政官员对经济发展类议题的偏好也会逐渐减弱。

#### 2．专业背景与工作经历

决策主体的专业背景与工作经历会对组织的战略选择和行为偏好产生重要影响。主政官员的专业背景反映了官员的既有知识结构，工作经历则反映了主政官员的既有经验积累，它们一同构成决策主体处理政策问题的知识与经验支撑。在“有限理性”的前提预设下，决策主体在复杂任务环境下会倾向于依赖既有的或熟悉的议题事项知识和经验去处理新的政策问题，因此注意力资源更可能会聚焦于那些和主政官员的专业背景与工作经历相关的政策子议题上。此外，如果决策主体的最高学历或有工作部门履历与经济相关，那么在某项具体政策的制定过程中也会表现出对经济发展议题的偏好态度。

### （三）委托代理

治理的决策主体分配注意力资源时，其所处场域中的科层体系中的高阶主体、公众与决策主体之间的多重“委托人－代理人”关系会对政策议题偏好产生影响。具体而言，作为受托人的决策主体议程的政策优先性会与科层体系中的高阶主体、公众关注的优先性之间存在较强的一致性，其不仅能够影响科层制的注意力资源配置，还能够对相应政策领域的政策产出施加一定的影响。这种多重委托代理关系体现在两个方面。

1. 中国科层体系在政策制定过程中有回应公众需求的责任义务

科层体系对公众的吸纳和回应，一方面是出于维系社会稳定和实现政治晋升的考虑；另一方面是因为政策的实施通常需要作为利益分配对象的公众的积极参与与配合。因此，在治理实践中，科层体系会通过多元化的信息收集渠道优先处理公众需求较为迫切的“高频事项”。

2. 中国治理情景具有人事权集中与财政分权相结合的特征

在财政分权的体制下，科层体系所具有的治理资源有相当一部分来自上级的财政转移支付。以考核晋升为特征的人事权集中则意味着科层体系需要在治理实践中“对上负责”，贯彻落实科层制上级治理意愿。

在这一制度安排下，科层制高阶主体会针对当前阶段的重要任务在地方的变迁情况进行督查考核。因此，科层体系在政策议题的政策制定中也会着重体现当前阶段科层制中高阶的核心政策关注。

### （四）信号压力

在信号压力视角下，决策主体的注意力分配是对外部环境中问题信号的直接回应。“多源流”框架中的“问题源流”强调反映问题严重性程度的测量指标在传递政策信号并引起决策者的关注上尤为关键。指标信号不仅可以帮助决策者精准评估政策问题的严重性程度，还可以帮助他们更准确地察觉政策问题的变化方向。因此，问题指标所传递的信号压力会迫使科层体系给予相关问题更多的政策关注。比如，出于合法性持续获得的需要，决策主体会在决策主体内部运作机制、政策推进等方面对经济增长指标、失业率指标、犯罪率指标、环境污染指标等能够刻画治理水平的核心指标体系做出回应。

### （五）治理资源的可获得性

组织决策的治理资源的可获得性对决策议题和选择方案起到了约束调节作用。因为政策行为总是依赖治理资源实现，而治理资源的可获得性约束了决策主体注意力分配的实现空间，进而影响了决策主体注意力的去向与强度。区域经济发展水平、区域网络资源丰富程度、决策主体资源汲取能力、制度设计水平等治理资源的充裕水平会制约科层体系在议题排序上的差异化治理。

综上所述，将注意力分配带回决策的治理情景的中心舞台，围绕由议题偏好、政治周期、委托代理、信号压力、治理资源的可获得性等要素构成的多重影响因素进行分析可以得出结论：议题偏好、政治周期、委托代理、信号压力等决定决策主体注意力资源分配的方向与强度，治理资源的可获得性则制约着决策主体注意力资源在具体议题分配上的实现程度。

## 四、注意力资源分配理论的材料支撑

“领导重视”实际上已成为决策主体用于部署工作与推进任务的符号化表征，成为决策体系注意力分配的高频用词。对“领导重视”经验式的支撑材料中包含的多重情景要素进行厘定与掘取可以获得承载与传导领导注意力的重要特征。主流的材料支撑包括财政开支维度、文件信号维度和时间分配维度。

### （一）财政开支维度

在财政支出“盘子一定”的总量控制约束下，决策主体将稀缺的财政支出资源统筹分配于各项治理需求。财政支出维度考查了财政资源总量一定的状态下，决策主体对具有资金开支特征的任务所分配的注意力。在中国治理情景中，伴随着财权与事权在科层体系多层级中关系的理顺，实际上已经形成了“财随事走”的支出格局，即财政支出可以作为衡量决策主体注意资源分配的指标化表征，通过具体议题、具体任务的财政支出的绝对数值或相对比例的变化来衡量与比较决策主体在不同领域中注意力资源分配的变化。

### （二）文件信号维度

在实际的科层体系运行中，从文件信号维度进行测量有助于更广泛地观察决策主体的注意力分配与变迁情况。对于文件信号维度的注意力资源分配的测量，根据测量类型分为具有特定议题的历时性变迁与特定文本的议题变迁两种。前者围绕特定的议题考查与其相关的工作报告、政策文本等，从而从决策主体的注意分配的优先顺序中识别其中所蕴含的信号；后者主要是对进入特定治理程序中的议题进行关注，反映了决策主体在多议题中注意力分配的多样性程度，在测量方式上可以通过对关键主题词的频率统计、重点标志性词语的关注来实现注意力资源分配的测量。这些关键词包括年度工作报告中的“中心工作”“以……为重心”“实现……新突破”“进行……试点”等。

### （三）时间分配维度

从时间分配维度来衡量注意力资源的分配实际上就是先对工作日志等经验材料进行分类编码，然后以数据形式显现工作活动的占用时长与处理的优先顺序。其核心的假设逻辑为优先顺序越靠前或占用时长越长，表明组织成员越重视此项议题。

## 五、注意力资源分配理论在文本分析中的未来应用

领导的注意力深刻影响着政策设计与变迁。科层体系自上而下地运用政策工具、文件传达、会议传达等传递政策目标和政策路线，形成进入政策议程的政策议题的排序。其一，将注意力资源分配视为影响政策变迁的自变量，强调注意力资源分配影响议题变迁 / 议程设置、政策变迁与政策执行。其二，注重对注意力资源的测量，从数据上直观显现决策主体在具体议题的偏好情况。未来，注意力资源分配理论在文本分析中的应用将集中在以下几点。

### （一）政策变迁的注意力资源证据及分析

这一研究导向的重点是统计分析政策文本中的注意力资源分配的证据，一方面反映出政策过程中议题偏好的变化，另一方面以议题偏好变化为基础透视不同议题变迁中的决策主体的价值排序变化。比如，对于农民合作社政策变迁中的价值排序与目标转换，可以把握农民合作社政策变迁的核心逻辑。

### （二）以注意力资源分配的外在驱动因素为中心的研究方向

以注意力资源分配的外在驱动因素为中心的研究方向侧重于探讨焦点事件、媒体舆情、公众诉求、政策企业家、利益群体对注意力资源分配的影响与演化机制，重点关注四个方面。其一，探索特定注意力资源分配受特定因素影响的驱动机制，探索影响注意力资源分配与舆情、政策企业家、焦点事情等的关联机制。其二，深化注意力资源的传播机制研究。注意力资源的传播过程深嵌于中国政治与行政体系，注意力资源的传播受多要素、多维度、多场景共同影响，探索注意力资源的传播机制是形成中国注意力资源理论的重要基础。其三，探索注意力资源作为应急管理、治理回应中的工具化应用。注意力资源的分配在风险应对、政策议程推动、政策执行等方面具有“领导重视”的符号化表征意义，能够在多目标、多任务的政策过程完成集体行动，从而有效推进政策过程。其四，探索如何在时机、方式上提升注意力资源分配的效果，从行政沟通效能上优化治理体系、提升治理能力。

### （三）注意力资源测量议题稳定性和议题竞争性的数据源及测量方式

在复杂治理情景下，注意力资源在议题上的分配呈现竞争与碎片特征。判断议题处于不稳定状态的程度可以为适配相应的治理程序与工具提供判断证据支撑。在理论研究中，测量复杂治理情景下的注意力议题的竞争状态一般采取熵值法，注意力资源分配主题下的熵值是在一定政策时期进入政策议程中的议题的可能性数据化处理，可用公式$H=(-1)\sum p(x_i)\ln[p(x_i)]$计量，其中熵值用$H$表示，其为所有议题数据化处理的负和估计，$p(x_i)$代表议题$i$发生的概率，熵值越高说明进入政策议程中的政策议题竞争性越强。

注意力资源研究在文本分析中的应用应当强化与中国场景的结合。一方面，仍需进一步从提炼理论框架的高度关注政策过程中的“领导重视”“频繁会议”“领导批示”等典型现象，从注意力资源的竞争与分配角度探索中国治理场域中的注意力资源演化规律。另一方面，作为政策过程中重要作用机制的注意力资源分配与竞争分析应置于国家治理体系与治理能力现代化的框架下，通过融合宏观理论与微观实践，在政策过程、跨部门协同、政策回应性提升等方面进行新知识的创新与生产。

# 第五章　基于文本分析法的研究方法设计

什么是政策文本分析法设计呢？简单来说，政策文本分析法设计是收集和分析政策文本，并对所收集的文本进行主题—话语—概念—理论的递进、抽象的步骤设计。政策文本分析采用“先分析后阐释”的策略：先对原始政策文本进行“深描”，统计政策文本的形式特征与内容特征；再对政策文本中隐含的过程、情景、网络的规律进行分析，挖掘政策价值排序、政策目标转换、政策工具选择的规律；最后对政策文本的意义进行阐释，以形成政策知识的积累。由此可见，政策文本分析法并不是一种理论框架，而是一种具有工具价值的研究方法，其从文本的形式特征与内容特征中挖掘概念体系，从而生产知识。形式特征的挖掘注重对政策文本的发布主体和行文格式的探究，以实现知识产出；内容特征的挖掘注重对研究对象进行阐释性理解，以生产阐释政策文本的行政知识。

## 一、对研究方法设计与政策文本分析法的关系的思考

政策文本分析法通常被定位为研究方法，研究的是小样本的政策文本。但研究方法设计并非独立的方法设定，而是问题导向与应用场景磨合后的方法过滤。其所嵌入的场景并非用方法来限定研究目的，而是导入研究主题意识与已有方法步骤选择，以浮现能够生产知识的关键话语体系，从而形成抽象的概念体系。那么，适用于小样本的政策文本的研究方法如何设计呢？如何将文本分析与情景结构结合？这是政策文本研究方法设计需要探讨的问题。

### （一）提升研究规范程度

虽然政策文本分析并不存在恒定的程序设计，但是这并不意味着什么步骤都行。为了控制政策文本收集、选择和解释的随意性，政策文本分析提倡遵循严格的程序，在主题—话语—概念—理论的诸环节嵌入“信度”“效度”“代表性”等理念。当然，仅仅依靠科学的程序设计

并不能独立完成政策文本分析，还需要在提出问题、文本归类、话语切片、分析编码等步骤中引入科学的设计理念。这些设计理念包括以下六个方面。

（1）概念、编码、理论等归纳抽象于文本，而并非来自理论演绎的推理。

（2）引入比较与集合的方法对政策文本进行概念、编码、理论的层层递进式抽象。

（3）理论建构贯穿于政策文本收集、分析的全生命周期。

（4）用“滚雪球”式的方法收集政策文本，并由此抽象概念簇、定义类属间的关系。

（5）理论抽样的目的在于理论建构而非文本代表性抽样。

（6）文本收集和文本分析并行推进。

### （二）政策文本分析与量化方法结合

政策文本分析编码的逻辑和单纯量化研究的逻辑不同，量化研究是把预先设定的类属或编码应用于分析对象中，而政策文本分析是通过抽象与定义政策文本中的话语体系来生成编码体系。虽然政策文本分析的编码逻辑与单纯量化研究的逻辑基础不同，但这并不妨碍量化研究方法“坐巢”于政策文本分析中形成内含型设计的研究框架，这种研究框架具有以下三个特点。

（1）将政策文本尽可能量化。先量化政策文本的形式特征与内容特征，然后基于数据分析来赋予概念并进行理论建构。其中，编码为政策文本话语体系转换为可量化的数据提供了接口。

（2）政策文本分析与量化研究结合通过多元方法的嵌入增强了理论建构的稳健性，即把政策文本分析和量化研究结合在一起，对核心概念进行测量，从多维度审视理论框架的稳健性。

（3）对“模型设定”的关注是量化方法嵌入政策文本分析的重要呈现。这种对“模型设定”的注意力资源分配使得政策文本分析关注政策话语体系的概念化呈现。

### （三）政策文本分析需要理论嵌入

政策文本分析的探索就是嵌入特定的视角来生产知识。政策文本分析研究常常围绕特定主题从不同情景假设和学科视角维度寻找文本中特定的研究问题和重要概念的可能性，并生成与研究主题相关的问题域与敏感性概念。

1. 问题域是政策文本分析需要追踪的线索与关注点

问题域使得政策文本分析能够在不牺牲政策文本信息丰富性的前提下，更快地获得文本中的政策过程的焦点，就像一个照相机有多个镜头一样，问题域的形成使得政策文本分析将全景扫描政策文本与调整焦距抽象关键话语体系相结合。问题域的形成使得政策文本分析实现了迭代，即问题域所呈现的问题集合会引导政策文本分析形成新的政策文本理论抽样，从而进行主题—话语—概念—理论的演进循环。

2. 理论嵌入提供的敏感性概念作为探索性工具引导话语到概念的抽象

相关理论的核心概念只要在政策文本中有映射的基础或者能够提供启发性视角，就可以作为敏感性概念。这种敏感性概念通过比较不同的文本认知过滤政策文本中展现的政策过程，从而引导政策文本分析开启主题—话语—概念—理论的递进式抽象过程。

## 二、文本分析知识生产的典型路径设计

文本分析研究致力于通过抽象、映射等建构方法从文本资料中提炼

概念体系，并将其用理论知识产品的形式生产出来。文本分析存在生产知识的典型路径，即先由政策文本所使用的话语体系抽象到公共政策学科中的概念体系，然后再次整合建构，以理论元素与理论逻辑作为理论构件的具有“普适性”的理论体系的过程。因此，应根据文本分析知识生产的典型路径对初次理论抽样、形成概念体系、分析情景、将政策过程纳入分析、整合类属形成编码、再次理论抽样进行概念补充与检验、形成理论框架等步骤进行设计。

### （一）初次理论抽样

政策分析应用理论抽样的目的是形成政策文本簇与概念簇，因此不存在对特定的政策文本簇的选择，也不是按照代表性来分配抽样，而是根据研究主题与研究边界来进行理论抽样。理论抽样常用“滚雪球”式的抽样方法，即持续追踪文本线索、寻找政策文本样本。这种方法能充分收集符合政策文本分析任务的文本，从而尽可能地给出关于研究主题的完整图景。初次理论抽样应用于政策文本分析的路径焦点集中在研究目的上，并围绕研究目的提出若干研究的假设理论抽样方向，以便以研究目的的假设体系为支点探索性地进行多次文本收集循环。为了提升研究目的引导下寻找特定主题的政策文本的有效性，初次理论抽样从以下三个方面为文本提供丰富性和充分性探索。

（1）能够收集足够的情景文本，以描绘政策变迁的全面图景。

（2）能够展现特定研究主题的问题界定、价值排序、政策工具选择等的详细描述。

（3）能够支撑文本间进行比较，从而完成政策分析从话语体系到理论建构的抽象。

### （二）形成概念体系

形成概念体系是整个分析过程中的中心环节。形成概念是对初次抽样所得到的政策文本中的政策话语进行类属化后的抽象，只有通过概念的类属化抽象，政策文本分析才能完成对类属的分组；而通过对抽象得到的凌乱概念进行轴向编码能够获得未来理论建构的有效理论元素。简而言之，形成概念体系并从政策文本中产生、发展和检验概念，从而完成文本建构理论的基础抽象，是运用公共政策学科视角对文本中解析出来的问题界定、议程设置、政策工具、政策目标等的学科话语界定。形成概念体系包含按照各种公开维度对话语体系进行分类与形成围绕中心概念的解释性概念体系两步。

1.按照各种公开维度对话语体系进行分类

从概念与类属的维度分类政策文本，激发并记录分析思考的过程，并为理论抽样指出方向，可以跟踪随着研究进展而逐渐形成的复杂思想和累积起来的观念。从概念与类属的维度分类政策文本，存在建立概念簇与建立文本簇两个方面的操作。

（1）建立概念簇。达到类属形态的概念是抽象概念。文本是由很多高度概念化的术语所描述和简化而来的。在这些概念簇基础上建立的概念体系应普适于文本中的话语体系。概念与类属提供了一个储藏室，使得分析概念能够根据演化的分析框架分类、排序、重新整理以及检索。在建构概念体系的时候，虽然能以不同的方式将概念放到一起，但概念之间的关系还是建立在文本的基础之上。通过不断地将概念和真实的文本进行比较，所建立的概念体系将变得更加具体与清晰。

（2）建立文本簇。在建立概念簇时，文本的比较过程贯穿其中，从而呈现建立文本簇的过程。建立文本簇就是将概念上具有相似性的文本置于同一个中心概念下的群组中，从而以特有的属性与维度区分不同的类属间的区别。所提炼的特定概念的文本将会与其他标有“特定主题”的文本进行比较，从而不断丰富已有的文本簇。建立文本簇是根据概念簇的维度与属性为人们提供认知或理解政策文本的途径，其能够为后续的文本深度分析、政策话语的概念化建构和与文本簇相关的中层理论阐释提供构件。

2. 形成围绕中心概念的解释性概念体系

概念体系中的中心概念代表文本分析中的重要主题。要想找到中心概念，必须在研究过程中提出的类属概念之中进行选择。中心概念具有整合的力量，赋予其力量的是类属能够从理论上解释或传达研究都与什么相关。在文本和文本中所要研究的是一个包罗万象的文本。中心概念可能从一系列现有的类属中推演出来。概念体系中的中心概念必须抽象，必须将所有的主要类属联系到一起且可以归于其下。并且，中心概念必须频繁地在文本中出现，所有的次要类属都是指向这个概念的具体方面。中心概念应该在深度和解释力度上能够延伸，因为每一个次要类属都是通过关系的陈述与其建立联系。

### （三）分析情景

政策文本是特定问题、特定情景、特定现象应对的政治系统输出物。因此，将政策文本置于产生政策文本的问题、情景、现象中予以解读，才能更好地理解政策文本中问题界定、策略选择、利益分配的产生脉络与缘由。此外，对情景知识的探寻为理解政策文本中的话语体系提供了情景的观念知识，从而使得政策分析主体能够更好地理解文本中政策话语的指向与内涵。政策文本分析摆脱了理论演绎必须纳入预先形成的类属之中的窠臼，而重视从术语、情景的分析来发现政策过程的演变规律。

具体的政策文本都依赖于特殊的产生情景，而这种情景分析需要将政策文本置于更多的政策文本的周边文本来还原。这些政策文本的周边文本包括新闻稿件、会议记录、决策者回忆录等。仔细审查周边政策文本有助于更好地定位这些政策文本。周边政策文本能够解释的问题如下。

（1）政策文本是怎样产生的？谁参与了这些文本的形成？

（2）政策文本的表面目的是什么？通过政策文本的周边文本分析出的政策应然目标是什么？

（3）周边政策文本中有什么特殊的政策情景描述吗？这些政策情景描述反映了怎样的社会、历史以及组织语境？

（4）政策文本如何建构现实的想象？政策文本声称所要代表的是什么样的现实？

（5）谁会从政策文本所建构的价值分配中获益？

### （四）将政策过程纳入分析

政策文本是政策过程的输出物，包含政策过程的多步骤。因此，政策文本实际是大量的蕴含复杂关系的政策话语的集合体。因此，为了更好地从政策文本复杂抽象的政策话语中找到建构政策知识的元素，有必要将政策过程纳入分析，从而过滤出话语体系中含有的关键概念与关键逻辑。但值得注意的是，将政策过程分析纳入并非对政策过程的解析，而是利用这种过程加深对政策文本关键概念与关键逻辑的理解。将政策过程纳入政策文本分析将重点关注以下七个方面。

（1）将政策过程分析纳入政策文本分析是对政策文本中的关键行动或关键词进行情景因素的寻找。

（2）将政策过程分析纳入政策文本分析可以按照问题界定与政策产出时间轴顺序串联文本链条，从而理顺文本之间的复杂关系。

（3）将政策过程分析纳入政策文本分析，可以说明不同行动者的观念、解释以及立场。

（4）将所有政策变迁的片段演进置于时间轴中展现，可以提供情景的整体画面。

（5）政策过程的每一个阶段如何演进？

（6）政策过程变迁中注意力资源分配实现了怎样的变化？哪些价值偏好对于决策者来讲是重要的？

（7）政策利益相关者在政策过程中的行为偏好机制是什么样的？政策利益相关者在解释政策文本分析时使用了哪些理论、动机、借口、辩护理由？政策利益相关者分别获得了什么样的回报？

### （五）整合类属形成编码

整合类属形成编码是政策文本分析进行的由初始编码到轴向编码的复杂抽象编码过程，连接了收集文本和生成理论之间的关键环节。即理论编码是不断分析文本、不断进行概念提炼与抽取的过程。简而言之，政策文本分析在初始编码的抽象编码中形成了类属。初始编码是整合性的，它们给政策文本分析所收集的概念体系赋予了了形式。编码会使具体的文本及关于这些文本的描述跳跃到理论观点和理论可能性上，从而以关键概念超越具体情景，产生理论化命题。

整合类属形成编码意味着政策文本分析把标签贴在文本的不同部分，这些标签描述了每个被贴标签的分析单元的不同特征。通过研究文本、比较文本，政策文本分析把较适合和较能解释这些文本的想法定义为尝试性的分析类属。整合类属形成编码需要置于严格的概念选择之中，政策文本分析通过参与概念选择而实现标签的赋值。简言之，整合类属形成编码会以新的理论术语解释研究过程，说明理论类属的属性，展示从话语体系到关键概念的步骤是如何实现的。

整合类属形成编码包括初始编码与轴向编码两个主要阶段：初始编码是为政策文本的每个词、句子或片段进行编码赋值，目的是对所有可能的、由话语体系抽象出来的概念体系保持理论发展的可能；轴向编码是对初始编码的抽象和选择，这个过程伴随着对理论抽样所得文本的分类与综合，旨在生成核心类属体系。

1. 初始编码的逻辑

政策文本分析需要建立分析文本的编码库，先从文本中列出一系列编码，然后将这些编码和真实的文本进行比较，最后根据需要修改这些编码。建立编码库的目的在于提高对文本概念的敏感度，从而将分析提升到理论层次。“合适的”概念化编码路径如下。

（1）初始编码的价值。初始编码建立在对先前文本的分析基础之上，根据分析过程中的发现，最初的概念体系建构被一次次修改。整个文本收集和分析过程会继续，直到编码的构建能够对每一个类属的属性和维度进行充分的描述。

初始编码是对文本内容进行定义的过程，是超越文本的具体陈述进行分析性解释的第一步。编码意味着把文本片段贴上标签，同时对每一部分文本进行分类、概括和说明。初始编码应该产自文本，即文本先于编码存在，从而使编码反映文本片段。所以，应尽量用能够反映政策过程的词语来编码。这就要求政策文本的初始编码是关于政策文本、政策主题或政策过程的理论元素。这一编码方法可以防止概念溢出政策文本，并能够从现有理论框架中寻求理论元素与理论逻辑的支撑。初始编码是可调整的，初始编码的可调整性意味着初始编码是探索性地对政策文本的初始编码赋值，并随着文本分析的不断推进而进行调整，从而给政策文本分析的理论建构留下空间。

（2）初始编码的路径。政策文本分析不仅关注政策文本的内容特征，还关注政策文本的格式和行文等形式特征，以及这两者怎样影响政策文本分析对它们的理解。因此，选择用来编码的文本单位很关键。

首先取一份原始文本，这份文本将被用来作为整合类属形成编码的起点。将文本中的标点符号作为断点，因为这些断点代表话语体系中意思的转换。在对文本进行切片的时候，概念体系将作为标签呈现，每一个文本切片都将以一个概念作为标签，而且每一个编码都反映了对政策文本的理解。然后进行逐行编码，逐行编码意味着对所分析政策文本的每行文本进行命名。这个过程需要逐行阅读文本，以创造新的具有理论价值的编码，揭示生动的场景和政策过程。

（3）初始编码的重点。政策文本分析通常会把政策文本的一些独特的词语作为一种原生初始编码。这些具体的词语会提供一种有用的分析出发点，从而有助于政策文本分析在编码时保留政策文本自身观点和政策过程的意义。原生初始编码会成为政策文本分析的符号标志。以下六种原生初始编码必须被整合进理论中：①标记密集且具有重要意义的理论元素；②政策文本所呈现的表达特定意义或经验的初始编码；③具有政策文本隐藏的理论逻辑的相关的关键节点初始编码；④政策文本的新提法，是释放某种政治信号的载体，具有显著的政策导向性；⑤政策文本话语体系的特点是逐步演进的，在多政策文本中不断有新的政策话语出现，也不断有旧的政策话语消失，但能够在长期政策文本中保留下来的政策话语必然是较为重要、较基础的话语体系；⑥发现公共政策文本的符号展示意义的话语体系。

因此，政策文本分析要发现呈现和浓缩意义的方式，发现它们是怎样建构，并实现这些意义的。对概念编码的重新阐释为理解特定主题的政策过程以及重新审视文本之间和生成的类属之间的不同提供了机会。研究这些初始编码，探究初始编码概念体系中的理论逻辑，能够为深入理解特定主题的政策过程与政策变迁提供理论视角与理论线索。

2. 轴向编码

轴向编码是编码的第二个阶段。其把一个类属作为一个轴心，将这个类属的维度具体化。轴向编码的主要目标是选择某些初始编码作为最有意义的初始编码，或者从一些初始编码中提炼共同的主题和模式作为轴向编码。轴向编码要比遍历政策文本的初始编码更具选择性和抽象性。轴向编码的过程实际上就是抽象次级类属归并到核心类属的步骤，就是通过拓展分析的方式将核心类属与次级类属相关联。轴向编码的类属化抽象实质就是不断提升分析的概念水平，从而定义类属的属性、发生作用的条件、发生变化的条件。

但是，从初始编码到轴向编码的抽象编码不完全是一个线性过程，因为初始编码的进行会对早期的编码工作产生影响，这种影响包括但不限于模糊的界定变清晰、纠正编码存在的偏差、发现新的更具有可行性的编码赋值等。因此，政策文本分析要在轴向编码阶段不断返回早期的编码过程，探究那些早期分析存在模糊或无法界定的编码问题。

轴向编码的目的是分类、综合和组织大量的文本，从而以新的方式重新排列话语、概念。初始编码使文本分裂为不同等级和不同类型的初始编码，而轴向编码将初始编码恢复为连贯的整体。这种轴向编码的抽象遵循以下原则。

（1）要从次级概念开始。

（2）从次级概念向中心概念归集。

（3）把所有相关的政策文本归置于同一个次级概念中。

（4）在次级概念与中心概念之间建立清晰的联系。

（5）尝试在同一概念体系上进行不同路径的编码抽象。

（6）从政策文本分析的初始编码到它所包含的任何初始编码画辐射线，以展示它们的关系。

（7）使用关系丛构型来建构一个图像，展示政策文本分析的主要初始编码是怎样组合的，以及其怎样和政策文本分析类属发生联系。

（8）继续轴向编码的抽象。对同样的初始编码，尝试进行不同的轴向编码的抽象，并进行比较。

### （六）再次理论抽样进行概念补充与检验

理论抽样是一种建立在研究主题基础之上的显现政策文本中决策者的政策意图、政策过程以及政策变迁文本的收集方法。理论抽样有初始理论抽样与再次理论抽样两种。理论抽样作为政策文本分析的一个重要步骤，与其说是一个清晰的程序，不如说是一种研究策略设计，这是因为理论抽样两次嵌入政策文本分析都会带着对理论类属的关注进行重新设计。理论抽样使得文本的多样性得以显现，从而有助于在政策文本分析中归纳并抽象类属与概念体系。从初次理论抽样到类属假设形成，再到再次理论抽样，实际上是一种诱导性的方法，具体分析如下。

初始抽样提供了一个出发点，而不是理论的加工和完善。再次理论抽样是在假设类属情况下进行的二次文本收集，即再次理论抽样的目的是获取文本来完善类属与明晰类属之间的关系。简言之，再次理论抽样是为了概念和理论的发展，一直持续到所有类属均达饱和，即没有新的类属或相关主题出现，并且类属在其属性和维度上没有进一步大程度发展的可能。

在政策文本分析研究中，假设的类属与政策文本的形式特征、内容特征相关。早期的类属是建议性的，但还不是定义性的。再次理论抽样是目标导向性的，其目的在于充实和完善未知的类属。这一关键的政策文本分析策略有助于政策文本思考在哪里以及怎样才能发现必要的文本来填充漏洞，使类属饱和。

### （七）形成理论框架

政策文本分析重视作为变量的理论框架的形成，即采用概念抽象的方法，力求通过抽象文本中所含有的理论元素形成具有解释力的理论命题。理论意味着按照概念、关系构建的具有定义与周延功能的系统性框架，其可以用来解释和预测现象。它需要参与政策文本的实践政策过程，也需要建构关于政策文本的内容以及由政策文本所抽象的实践政策过程。形成理论框架可以所抽象的概念体系作为基点，进而提出问题界定、价值排序的归纳性分析，从而形成理论框架，表现为让政策文本和更大的治理情景之间的联系理论化。理论建构的过程主要包括从内部一致性和逻辑关系上重新审视框架，补充发展不够充分的类属概念并删除多余的类属，以及验证理论框架。

1.从内部一致性和逻辑关系上重新审视理论框架

理论框架的内部一致性与逻辑自洽都围绕着中心解释概念而产生。理论框架有效的一个典型特点就是理论框架中的主要类属通过关系的解释性说明与中心解释概念建立联系。检验理论框架是否具有内部一致性和逻辑自洽性的步骤如下：首先要将理论框架与原始材料进行比较，检验理论是否具有代表性，即检验其在概念的内部一致性与逻辑自洽性上是否扎根于政策文本并且能够得到文本的认同；其次要扩充类似的文本证据，检验理论框架在内部一致性与逻辑自洽上是否能够面向更多案例具有解释能力，即检验所获得的理论框架能否在内部一致性与逻辑自洽性上具有超越特殊性而面向更加多元案例具有理论再生产性的关键逻辑。

2.补充发展不够充分的类属并删除多余的类属

在理论建构过程中，政策分析的特点除抽象性外，还有稠密性。稠密性意味着类属的所有显著属性和维度都被找到，也建立了其变化形式。稠密性和变化形式能够赋予类属准确性并增加其解释力度。理论饱和意味着通过大量的政策文本收集，理论框架内的每一种概念类属的属性与维度都得到了充分的说明。它们以发展的形式呈现过程，但并没有说明发展过程中的变化形式。即使在模式和类属之中，不同的政策分析、组织和群体变化性也会沿着某些属性而落入不同维度的政策文本。

3. 多途径验证理论框架

理论框架建构是一个模式化关系的概念簇分析，这些关系表明了在过程或类属以及其政策文本分析的解释中了解变量的途径。基于此，可以对政策文本中的话语、类属、文本等进行多途径比较，建构能够概括政策文本中所发现的理论元素与理论逻辑的框架。即通过文本和文本、文本和类属、类属和类属、类属和概念的比较归纳过程，不断地产生更加抽象的概念和理论。这种理论建构的路径也可以对所建构的理论框架进行可信性判断：第一，判断理论建构是否在文本之间、类属之间进行了系统的抽象比较；第二，判断所探究的类属是否涵盖与充分描述了理论抽样所得的政策文本；第三，判断所收集的文本和理论建构所得论点及分析之间是否有很强的逻辑联系；第四，判断所建构的理论框架是否在理论元素与理论逻辑两个维度都能从理论抽样的政策文本中找到足够的证据支撑；第五，判断所建构的理论框架是否在更大的理论框架之间进行了关联。

# 第六章　文本分析中共词分析方法及网络分析方法的应用

政策分析通过统计表达政策文本核心内容的关键词出现频次来体现注意力资源分配的重点和发展动向。政策文本中的关键词是体现政策文本显著特征的浓缩与提炼，当特定政策议题进入决策主体聚焦的中心时，相同的关键词会反复出现。政策文本中反复出现的关键词可以作为政策过程决策主体注意力资源分配的表征，并且具体关键词的出现频次越高，越可能成为政策注意力资源分配的重点。本书在构建的类型学框架下进一步归纳具体谱系，即通过对网络的采集生成对网络结构的测度，在此基础上拓展对具体议题政策变迁的研究。

## 一、共词分析方法在文本分析中的应用

词作为一篇文本中最小的语义单位，在政策文本中的波动是与议程设置或政策变迁相关的，这是政策文本可以利用词频进行分析、预测的基础。共词分析是对政策文本分析中真实的数据进行统计分析，其操作步骤包括词源选择、关键词截取等，具体如下。

### （一）选词策略与词源选择

政策文本中的关键词是科层体系进行长期文书行政演化与择优后选择的规范性的词汇。决策主体自身的知识背景、选词习惯以及对关键词的理解认识不同，因此选用的词汇可以反映决策主体的议题偏好。选词策略与词源选择是共词分析的基础性工作。基于关键词进行的共词分析，对于关键词处理模式的选用不能简单地套用同一处理模本，而要对不同关键词处理模板与待处理政策文本的适配性进行分析。一般而言，关键词处理有抽象化归纳与网络化归纳两种方法。抽象化归纳基于政策文本中截取词汇的概念外延、词汇的上下位层次关系、信息指向等属性建立类型学分类，并在此基础上进行词汇抽象的元分析。网络化归纳方法是根据关键词的语义宽泛程度，通过语义指向建立词汇间的网络链接

关系，并形成节点性概念，从而融合形成新的关键词议题，即通过节点性概念将关键词链接形成新的词团，并概括出可以涵盖词团的议题。

### （二）关键词截取策略

在进行政策文本分析的时候，确定所分析领域的关键词是运用共词分析等方法的重要一步。共词分析中的关键词截取策略有数量优先、位置优先、政策文本中出现的新词汇三种。

1. 数量优先策略

数量优先策略较为常用的方法是根据研究对象的特征与研究需要确定关键词的阈值。将政策文本中的词汇按照词频由高到低进行排序，即将具体词汇的频次数据转化成抽象意义上的排名顺序。但是需要注意的是，根据阈值选择高频词会失去低频词含有的信息。为了更全面地揭示研究主题的整体信息，还需要在高频词分析的同时对低频词进行扫描分析。

2. 位置优先策略

位置优先策略是基于具体词汇在政策文本中的位置来确定关键词的重要性排序，这种度量方法主要依据政策文本具有的特定格式特征与内容特征。从格式特征上讲，对治理情景的定位、治理策略的描述等部分在语句中出现的词汇具有更加关键与重要的排序地位。从内容特征上讲，语气强烈的词汇具有更加重要的排序地位，如“必须”“更加”等。因此，可以基于具体词汇在语句中出现的位置和频次等信息，确定关键词的重要性排序，这种度量的参考方法比单纯基于词频、共现频次的方式更能体现政策文本中具体词汇之间的关系。

3. 政策文本中出现的新词汇

当社会生活发生渐变或激变时，作为社会现象的语言会毫不含糊地随着社会生活进展的步伐而发生变化。语言作为社会必要的存在条件，作为一种特殊的社会现象，作为社会最重的交际工具，一方面对社会有绝对的依赖性，另一方面对社会的发展有应变性。为了适应社会变化的交际，语言需要不断地演变和发展。[①] 比如，农民合作社在政策变迁中的各个阶段初期出现了很多新的词汇：在战略优先期，农民合作社政策出现了“统购统销”“互助合作”等新的词汇；在新型农业经营主体与服务主体期，农民合作社政策出现了“小农户与大市场的结合”“新型农业经营主体”等新的词语。政策过程本身就是政治流、政策流、问题流三流汇合开启政策之窗的过程，因此出现在政策文本中的词汇必然是决策主体经过选择优化后的结果，这些词汇在政策文本中的引入必然是政策过程中政治流、政策流、问题流三者的综合影响的产出。

## 二、网络分析方法在政策文本研究中的应用

近年来，治理实践经历了由科层制管理向协同治理的转变，政策议程设置出现将多元主体纳入以应对更具变动性、不确定性、模糊性、复杂性的治理情景的趋势。在这一过程中，不同主体在政策过程中的博弈与合作使得关系结构呈现网络化特征。多元主体间的复杂关系及其在网络中的位置将深刻影响处理公共事务的多元主体的逻辑。网络分析在厘清政策过程与政策变迁的变迁规律中扮演重要角色。基于“网络主体复杂度 - 时间轴演化”的类型学框架，网络分析方法往往更加侧重于多元主体在政策实践中的嵌入性，通过结合演化博弈论、倡议联盟框架理论等前沿理论研究方法来解构政策变迁与政策过程。

---

① 张小平 . 当代汉语词汇发展变化研究 [M]. 济南：齐鲁书社，2008：7.

类型学分析是进行研究对象解构的经典范式，能够高效地呈现特定政策议题演化过程的内在逻辑。首先，建构“网络主体复杂度－时间轴演化”的类型学框架可以明晰影响特定政策变迁的核心要素，并且呈现特定时间点上的主体规模与结构的特征。其次，将网络主体复杂度与时序相结合建立网络复杂演化的时间轴，可以加深对异质性网络演化形成、政策网络的关键特征、政策网络影响政策过程的机制等网络研究的基础性方面的理解。

### （一）网络主体复杂度

政策网络主体根据政策倡议所形成的节点链接可分为单一网络与多重网络，并以此分类维度来刻画特定场景中网络关系的形态与结构。这种维度的分类包含两种核心理解，一是在网络中多主体的共存，二是以网络节点为链接的多重网络关系的形成与演进。在这两种基础上演化出三条主要路径：网络链接的形成与演化机制；政策网络结构对政策过程的影响机制；政策网络中关键节点的特殊作用。在解释不同网络对象的结构特征差异之外，政策网络的多元主体由于位置的差异形成推动政策议程设置的势能差异，在参与政策议程时会表现出推动自身主张进入政策议程的特殊优势。优势地位节点可能会获得决策主体的注意力资源分配，并有更高的灵活性，可与相关节点形成资源互补关系。但政策网络中的节点的结构与位置并非影响政策过程的唯一因素，某些节点所具有的特殊属性在推动政策议程方面可能比这两种因素更具影响力，识别这种影响力发挥作用的机制对政策文本分析来说是更有意义的议题。

### （二）时间轴演化

根据时间轴演化的维度，可以基于静态截面与动态面板的维度对网络关系进行分析。静态截面是截取时间轴上的特定截面并以此特定时间节点为基准的网络关系的形态与结构，而动态面板可以看作多个特定时间点上的网络关系形态与结构在时间轴上的演化过程。基于时间轴进行面板分析能够更好地挖掘政策变迁过程中多元主体的主张与博弈过程。多政策文本分析可以在多个时间点重复收集政策子系统内部的网络数据，通过呈现节点关键词、政策主张、节点中心演进等指标分析政策过程中不同主体间博弈与合作的演变轨迹，从而展现政策过程的变迁。语义网络主要被用来分析政策过程或政策变迁中多元主体政策主张的差异，被广泛用于技术预测、政策框架识别。通过节点的逻辑关系，政策文本分析可以挖掘“政策过程中的多元主体如何达成集体行动”的经典议题。此外，政策文本分析还需要进一步发展能够真正捕捉网络演化机制的分析技术。可以通过决策树建构演化博弈模型来展现不同主体在特殊节点的策略选择对政策过程的影响，这种模型将多元主体的理性策略选择的博弈演化抽象为马尔科夫链的迭代过程，按照所建构模型反复迭代的模拟结果与实践结果比对，找出影响特定议题政策过程的显著性。决策树建构演化博弈模型与政策过程在逻辑上有很高的相似性，因而在政府联合行文、政府间合作协议、组织间信息交互、个体间意见征询等本领域的经典网络关系案例也完全适用，具体如下。

第一种研究方法是基于时间轴比较多静态截面的政策网络，从而得出具有规律性的结论。这种研究方法相较于传统的对特定政策网络的案例分析增添了通过比较找寻关键理论特征来建构理论的可能性，更重要的是基于时间轴进行多静态截面的政策网络比较分析将政策网络的政治、经济、社会等情景变量纳入对差异的解释，实际上形成了阐释治理情景变迁、资源分配变化、不确定性应对等环境因素对政策网络中演化形成规律、关键特征如何形成、政策过程演化等基础性问题的机制解释。

第二种研究方法是基于多网络组成的复杂结构进行的系统研究。基于政策文本进行的网络分析是具有分析难度的研究路线，因为这种分析路径既需要考量多元主体合作与博弈的演化的内部过程，又需要考量多元主体所形成的网络对政策变迁的影响。随着治理情景的复杂性、不确定性、变动性、模糊性的交织，特定议题往往会嵌套形成多层次、多主体的复杂网络。面向这种复杂网络结构的网络分析可以借助已有的成熟理论框架进行分析。比如，对于中国治理情景中超越地理边界的跨区域政策议题中的复杂网络如何达成集体行动的分析，可以借助“央地互动”理论框架来进行分析；对于由农民、农民合作社、村集体、基层政府部门组成的多元主体的复杂网络的分析，可以借助制度分析与发展理论框架。

## 三、文本分析中词频统计及网络分析方法的未来应用重点

文本分析中的词频统计及网络分析遵循“关键词选取—网络关系建构—网络规律发现”的系统性路径，在未来的应用中更偏向于以下几点。

### （一）关注更加多元的网络对象

网络对象是多元主体政策驱动政策过程或政策变迁的动力来源，是网络理论解释的客体，是构建和发展网络理论的基础。这种治理对象的变化有可能引起治理主体中政府组织部门的机构变迁，从而反映为特定议题的政策文本联合行文主体的变迁。此外，在对多元网络主体进行分析时，应根据联合发文机关在时间轴的演化来分析网络中基点的重要性排序，如在联合发文的机关中起牵头作用的部门可能在具体议题的协作过程中具有更占优势的政治势能。

### （二）发展适用于问题情景的数据采集与处理方式

政策文本分析的分析基础是使用政策文本等半结构数据构建网络关系。因此，如何根据特定公共事务的情景特征适配特定的测量方法，从而精准厘清政策网络中多元主体的结构与节点就成为适用网络分析方法的关键。政策文本分析应注重通过多种方法的相互补充，更加全面地测量政策变迁的情景要素。特别是政策文本分析应进一步发展适用于问题情景的数据采集与处理方式。政策文本直接记录了结构化程度较高的政策互动结果，难以直接提取历时性变化的情景事实。因此，应该借助数量丰富的与政策文本相关的媒体文本，来增进对政策过程相关背景知识的了解，这就需要发展适用于问题情景的情景文本的数据采集与处理方式，从而为理论构建提供更加多元与丰富的背景事实。

发展适用于问题情景的数据采集与处理方式更应该重视分析网络位置与决策主体注意力资源分配的关系。网络分析在政策文本分析中的应用应该重视探索塑造网络形成的动力机制，特别是通过空间分析、建模分析等方法紧密发掘治理情景中不同主体的网络链接关系，全面考查决策主体的“价值追求”与“策略、情景、工具的适配性”等对政策过程的影响。

### （三）嵌入适用于问题情景的理论框架与研究方法

政策文本分析在利用词频统计及网络分析方法时可以嵌入适用的理论框架。第一，公共池塘资源理论等经典理论为网络分析在政策文本研究中的应用提供了宝贵的理论要素。通过对特定议题中的资源分析、治理主体、制度历史等理论要素的分析界定，网络分析能够形成对特定议题进行多维度解构的视角。比如，对农民合作社政策变迁进行研究发现，农村既有的宗族关系、能人社会网络在自发成立农民合作社的过程中起到关键作用，即社会网络关系对农民合作社的形成与发展具有重要影响。第二，政策文本分析中运用网络分析方法应进一步加强比较研究，通过对多时空场域中具有可比性网络的分析来发现驱动变迁或影响演化的关键因素与关键逻辑。比如，可以将分析尺度定位于特定议题在不同行政区域的网络节点与结构，在比较的基础上找寻影响特定议题出现变化的关键节点与结构。第三，运用网络分析可以在多政策网络中进行政策仿真实验，并在演化变迁过程中使用元分析方法进行归纳推理，从而得出有规律性的结论。第四，应该引入倡议联盟框架的分析方式，挖掘倡议联盟“嵌入性”的刻画过程，但政策文本背后社会系统的演化往往是倡议联盟发挥作用的结果。结合博弈论或政策仿真实验等方法，全面模拟“治理目标”与“策略情景、工具的适配性”等在政策过程中发挥作用的机制。具体如下：科层制的“治理目标”可以通过影响信息自上而下传递而影响政策体系内具体政策议程设置的演化；情景与策略适配可以通过从多案例中研究如何进行适配来塑造特定主体在特定议题上发挥“能动性”的决策空间，如通过政策实验对资源或风险治理中的多主体进行仿真建模，模拟不同治理结构下节点间的治理策略选择，发现与更加宏大的公共事务议题达成集体合作的可能。

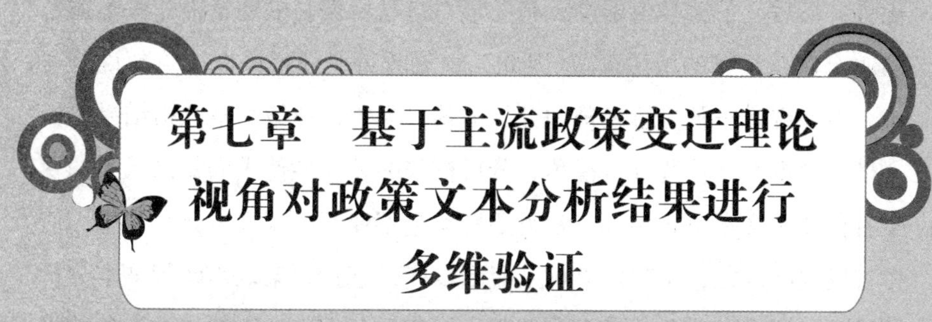

# 第七章　基于主流政策变迁理论视角对政策文本分析结果进行多维验证

本章旨在阐释主流政策变迁理论框架中能够验证政策文本关键结论的视角，即从主流政策变迁理论框架中提炼适合于验证政策文本分析结果的理论元素与理论逻辑。正如保罗•A. 萨巴蒂尔（Paul A.Sabatier）在《政策过程理论》中所说：“尽可能地运用多元的理论，这是一个非常标准的建议。既包括关于多种理论的丰富知识，又要尽可能地在经验研究中运用多种理论。这样做的好处在于：首先，这个指导方针提供了一些保证，以防止我们假定一个特定的理论就是完美无缺的；其次，它引导出一个正确的评价，即不同的理论在不同的环境中具有各自相对的优势；最后，了解其他理论，有助于对自己所偏爱的理论中一些不清楚的假定保持足够的敏感度。”因此，主流政策变迁理论框架与其说是理论，不如说是一种分析视角和分析框架，为验证政策文本分析结果提供了模式性框架。这些分析视角和分析框架的差异性使人们得以从不同视角看待政策文本分析结果，其重要性丝毫不亚于政策文本分析结果。值得特别说明的是，单独以某种主流政策变迁理论框架认识政策文本分析结果就如同盲人摸象，没有一种理论框架具备完整地审视整个大象的眼光，每一种理论框架只是能够验证政策文本分析结果的局部，但要认识整体就必须先理解局部。

本章借鉴保罗•A. 萨巴蒂尔在《政策过程理论》一书中认识到政策阶段启发法的不足，以理论框架的可接受度与稳健性、理论框架的活跃度、理论框架的实践可检验、理论框架影响因素合理等标准选择政策过程理论框架中具有发展希望的理论框架，主要使用间断－平衡理论框架、多源流理论、倡议联盟框架、政策网络框架等验证政策文本分析结果。

## 一、以间断－平衡理论框架视角验证政策文本分析的关键节点划分

弗兰克•鲍姆加特纳（Frank Baumgartner）和布赖恩•琼斯（Bryan

Jones）于 20 世纪 90 年代基于多个特定议题的长周期政策变迁形态抽象形成与发展了间断 – 平衡理论，该理论框架致力于呈现政策稳定与政策变化等政策变迁的形态转换。该理论框架的特点在于以政策变迁中决策主体议程设置的过滤机制如何引致长周期政策形态的变化为核心机制来解释政策稳定和变迁。

### （一）间断 – 平衡理论框架的间断与平衡形态转换

间断 – 平衡理论框架认为，政策变迁在变迁形态上表现为政策间断与政策平衡的切换。这两种形态的具体特征如下：限于决策体系注意力资源的有限性，决策主体存在政策议程的过滤机制，使得不能进入决策主体政策议程的特定政策议题呈现平衡的政策形态；而因为某种巨大变化而穿透决策主体政策议程过滤壁垒的特定议题则呈现为政策的间断跃迁形态。

### （二）基于间断 – 平衡理论框架对政策文本分析中关键节点划分的验证

在间断 – 平衡理论框架所提供的间断与平衡形态转换分析视角，可以验证政策文本分析中对关键节点的划分过程。具体来讲，政策间断与平衡的形态变迁习惯性的表现为一个包含政策总体性目标、工具类别、议程设置等各种理念和标准组成的框架的变化。因此，间断 – 平衡理论框架研究的通用做法是将政策形态分析框架中的议程设置、政策工具及政策总体性目标三个变量作为验证政策文本分析中关键节点划分的依据。其中，议程设置与政策工具的调整属于渐进性变迁，而政策总体性目标的改变则意味着政策发生间断性变迁。具体表现如下：①将政策总体性目标作为政策节点的判断标志，它的改变代表政策具体内容由一个范式向另一个范式更迭。以重要会议召开、领导人讲话、重要文件发布等形式出现的关键事件作为政策发生变迁的信号输入到政策场域，引起政策总体性目标的变化。政策总体性目标改变时，议程设置及政策工具都要发生调整，此时政策发生间断变迁。因此，政策总体性目标和关键事件两个变量可以作为判断政策变迁发生的依据。②政策总体性目标不变的情况下，议程设置及政策工具的调整是政策的平衡变迁。作为对事件发生、外部社会经济情景的变化引发政策问题的回应，决策主体会通过改变议程设置或调整政策工具予以应对，此时政策总体性目标没有发生改变，政策发生渐进性变迁。也就是说，在政策总体性目标未发生变化的情况下，政策文本中基于中国治理场域中的政策工具实践所识别的政策试点、项目制、规划－政策的目标治理闭环与集中治理等政策工具的选用发生了变化，就表明政策发生了渐进式的平衡变迁。

## 二、以多源流理论框架验证政策文本分析的变迁逻辑

多源流理论框架从驱动因素分解角度着手解释政策变迁发生的过程。该理论框架将政策变迁过程概括为问题流、政策流、政治流等导致政策主体将注意力投置于特定议题的政策议程上，并形成新的政策产出。其理论研究聚焦于决策主体的注意力资源在问题流、政策流、政治流等关键议题的分配机制，问题界定影响政策变迁机制，以及问题流、政策流、政治流等三流耦合开启政策之窗机制的三个问题。

### （一）多源流理论框架中的政策变迁驱动因素分析

多源流理论框架将政策变迁的驱动因素类型化为问题源流、政策源流、政治源流等三类。问题源流是由于一系列指数的变化、事件的重要性或危急性、执行所反馈的偏离等明确的或可感知的被决策主体视为问题的紧迫性因素或重要性因素。政策源流是围绕议题议程中由关注特定政策议题的专家、智库、媒体、公众、利益诉求者等所形成的政策

诉求、策略主张。政治源流是由于国民情绪变化、政策子系统的博弈、决策主体中权威更替所引起的对特定议题的注意力资源与政策议程的变化。

### （二）基于多源流理论框架对政策文本分析中政策变迁逻辑的验证

政策文本分析基于多个政策文本的治理情景的定位，能够还原具体政策变迁的原因，从而厘清变迁脉络。对政策文本分析所得出的政策变迁逻辑的验证可以借助多源流理论框架对政策变迁逻辑的类型学划分。这是因为多源流理论框架阐释了政策产出从议题议程中的问题、议题的注意力资源分配获得到政策议程中方案与问题的权威性匹配的形成过程。特别是多源流理论框架通过概念界定与情况列举的方式对影响政策变迁的驱动因素进行了框定。比如，在问题流的界定方面，多源流理论框架重视以指标表征、事件危急程度、结果反馈的偏离来发现问题的征兆；在政策流的界定方面，多源流理论框架重视围绕特定政策议题的关联主体建构政策策略诉求集合；在政治流的界定方面，多源流理论框架形成了以分析决策主体注意力资源分配变动机制为核心的围绕特定议题的政治分析体系。具体来讲，多源流理论框架中对变迁逻辑的类型化可以为政策文本分析结果的验证提供以下视角。

#### 1. 对政策文本分析中发现的政策问题进行结构化验证

首先，多元流理论框架中的问题流对问题结构具有清晰的界定，主要包括问题产生的因果机制、变迁历程、利益相关方分析、未来演变预判、主要利益诉求等。其次，问题的紧迫性压力激发了决策主体的探索动力。这种对问题的结构化界定为验证政策文本分析变迁逻辑提供了一种类型化逻辑，可以通过比照判断政策分析变迁逻辑分析的可行性。

#### 2. 对政策文本分析中问题与策略匹配逻辑进行验证

多源流理论框架认为问题与策略匹配的搜索启动主要受决策主体偏好或注意力转移的影响，即政策系统内部存在大量等待进入政策议程的重大问题，但受制于时间、资源等限制，政策系统按照惯有的行政程序对重大问题进入策略与问题的匹配程序设置过滤机制。这种问题与策略匹配的逻辑可以用来分析决策主体权威推动了何种问题导向以搜寻与其偏好相符合的策略，以判断政策文本分析中问题与策略匹配机制的可行性。

## 三、以倡议联盟框架视角验证政策文本分析结果中的政策学习

倡议联盟框架最早由保罗·A. 萨巴蒂尔提出。该理论框架创新性地将政策理念引入政策变迁研究作为基础变量，并将具有不同理念的政策子系统对问题界定、方案选择的博弈作为阐释政策变迁生成的核心逻辑。具体而言，其将政策变迁的驱动因素分解为政策信念的差异与政策学习等具体的解释变量。

### （一）倡议联盟框架中的政策信念与政策学习

#### 1. 政策变迁的主要驱动因素：决策主体政策理念的变迁

在倡议联盟理论框架中，政策信念一般作为解释长周期政策变迁的核心理论元素，其在决策过程中的产生机制、作用机制则作为影响政策变迁的核心理论逻辑。其中，从政策信念的产生机制上看，决策主体的政策信念是决策主体在长时间与其所处治理场域互动所形成的对外部现实的拟态建构与策略偏向，更为重要的是基于政策信念所形成的价值排序优先顺序会深刻影响决策主体的决策选择；从政策信念的作用机制上看，决策主体的政策信念是一种过滤分配机制，其贯穿政策过程中的问

题界定、议程设置、备选方案收集与选择、政策工具选择等过程，主要表现在对特定对象的重要性排序或者对特定对象注意力资源分配的差异上，如在特定议题的稳定、公平、效率目标的选择上，决策系统内部会因政策理念的差异而在具体目标的优先排序上产生分歧。

2.影响政策理念变迁的重要方式：政策学习

政策学习是决策主体对相似问题进行界定，从以往政策经验或外部典型案例集中进行政策知识迁移应用，从而丰富自身所面对问题的备选方案的过程。从政策学习的方向维度，政策学习表现为决策主体对长期决策的内省与外部决策案例的典型示范的嵌入所引致的政策信念的变化（内省式学习主要表现为对自身政策过程闭环的反思所产生的策略丰富、工具选择的政策知识积累，外部性学习则表现为决策主体总结外部系统在政策议程建构、政策策略应用、政策工具嵌入等方面的典型经验，形成自身的政策知识），从而提升自身运用治理技术与治理工具的效能。这种效能的提升包括但不限于以一种全新的视角审视问题界定及其目标参数的排序、对关乎政策有效性的策略与工具进行改善、丰富目标导向下方案的来源等。

### （二）基于倡议联盟理论框架对政策文本分析结果的验证

本节尝试从倡议联盟理论框架所聚焦的政策学习与决策主体的信念体系两个理论维度对政策文本分析结果进行验证。

1.政策文本分析结果中的政策学习

传统的主流政策变迁理论框架以“冲击 - 回应”模式为建构基础，即认为政策变迁是政策决策主体对问题所引发的冲击进行被动回应的结果。倡议联盟理论框架引入政策学习维度，为政策变迁提供了新的研究视角。保罗 · A. 萨巴蒂尔提出了“政策取向的学习”，包括决策主体对自身政策经验的自省式反思，以及从主动、有选择的维度对特定议题的政策经验进行总结。更重要的是，政策学习基于经验累积促成了政策工具与治理技术的迭代升级，并进一步引致决策主体的认知体系发生变化。从政策学习视角验证政策文本分析结果时，一般从以下领域展开：在中国治理场域中，进行“政策试点”成为重大政策制定过程中的必经阶段，几乎达到了“每调必试”。这些区域性的政策试点，为中央层面的政策变迁转型积累了丰富的策略选择，即地方实践为中央政策文本制定提供了重要的政策学习源。可以循着此路径验证政策文本中政策学习的方向机制，从而研究决策主体引入政策工具进行政策内容创新的方法。此外，从政策学习的机制可以验证政策文本分析结果对政策试点、规划－政策等政策工具的知识发现。比如，在具体政策变迁议题中，可通过政策试点、规划－政策等政策工具探索顶层设计层面的政策制定与各地政策互动的方法。具体而言，各地所形成的具有“地方性知识”特点的政策经验与典型对政策变迁具有重要影响。这种影响体现在具体政策议题的政策试点之初，决策者鼓励各地开展政策试点，并将前瞻性的规划与有成效的地方实验进行结合，从而将地方有效经验与规划的合法性建构整合到政策体系中。这些“地方性知识”在顶层设计的政策文本中的嵌入具有明显的自上启动、规划引领、创新驱动、方法扩散、最后定型的路径特点，即通过规划与战略释放制度空间、形成隐性绩效激励、允许并支持地方政策创新、绩效评比促进邻近区域学习、通过高层评价与媒体宣传将经验扩散、示范点增多推动工作面等展开。

2. 信念体系对政策文本分析结果中多目标排序的验证

信念体系之所以是倡议联盟理论框架的关键要素维度，是因为其认知因素解决了一部分诸如政策问题如何被界定、价值追求如何排序以及选择何种路径的问题。信念体系是抽取全部具体政策工具共性而综合出来的能够捕捉待解政策问题结构与特征而形成的模拟性认知，其作用是把现实抽象化，以便决策体系能够快速分析和排序待解政策问题的价值追求等相关变量。具体来讲，从政策文本中所识别的多目标排序是决策主体针对特定议题寻找具有资源支撑与实践可行性的目标后的理性判断。也就是说，决策主体以自身的信念体系制定完备的、良好的目标偏好顺序，从而使决策能够实现效益最大化。这意味着决策主体对政策目标的排序实际是在自身信念体系视角下对各种目标及其可能结果的理解与预测。基于倡议联盟理论框架的信念体系视角，政策文本中的多目标排序实际是决策主体面对某一特定行动情景的相关变量时，基于自身信念体系判断的过程将其转化为具有约束条件的价值选择问题。

## 四、政策网络理论框架视角下政策文本分析结果的验证

政策网络理论框架总结了在问题或价值冲击下，跨部门、跨领域的政策议程进行博弈的实践事实。以政府、社会与市场为治理主体的分析视角，以多元主体如何就特定议题互动而产出问题解决或价值引导的方案作为政策变迁过程的探究对象。政策网络归纳了政策变迁中多元主体博弈的基本特征：政策变迁是多元主体围绕利益与价值的权威性分配而进行的策略互动的结果；政策网络中存在通过整合多元主体利益诉求而演化形成的政策形态转换的关键节点。

### （一）政策网络理论框架中对多元主体的理论侧重

政策网络理论的典型理论特征是研究特定政策议题所形成的特定政策网络中主体的利益诉求、网络位置、作用机制，具体如下。第一，多元主体参与问题议程、政策议程的动因是实现利益诉求或价值追求，围绕这一目标，多元主体会以多种方式介入问题议程设置与政策议程设置过程，从而影响从问题界定到政策产出的政策过程。第二，多元主体对

议程的参与使得议程设置在应对问题或回应诉求上的议程设计日益复杂化，有可能产生问题的溢出性脱域问题。第三，多元主体博弈导致的主导力量变迁建构了“议题变迁”，从而使得政策变迁的启动常态化。第四，新知识和新技术的大量涌入，导致决策主体注意力资源的分散与应对的迟缓，有可能削弱决策主体对政策议程的主导能力。简言之，多元、多联、多变的网络状结构，增加了政策网络博弈互动的复杂性，从而使得政策变迁的走向难以预测。

### （二）基于政策网络理论框架对政策文本分析中的政策文本网络特征进行验证

在政策网络理论框架中，科层体系中的执行者会先通过政策细化与政策工具选择合理地匹配自上而下的政策要求与具体治理场域中的情景特点，然后进行问题界定与方案选择，从而实现政策效果。这可以验证政策文本分析中分析内容特征所发现的政策文本网络（政策文本网络是所收集到的特定议题的政策文本所呈现的具有不同位阶、异质性特点的政策文本群），具体表现如下：科层体系中位阶较低的决策主体主要通过研究、请示等“看上边”的方式来把握政策的创新限度；通过“看旁边”的政策学习来丰富政策的备选方案；通过自身治理情景的契合判断，可用治理资源的选择过滤、地方性知识的融入等“看自己”的方式来形成政策的适应性完善。概括地说，以下机制可以用来解释政策文本分析所得出的政策文本网络。

第一，在政策文本网络中位阶较低的决策主体通过“看上边”来明确政策文本分析结果限度。科层组织自上而下地具有目标与过程的理性约束，即上级对下级在资源调配、行为限度、政策目标、政策内容等方面具有框架性要求。因此，“看上边”主要是探寻政策的限度以及工作边界，主要通过上级动员会、新闻发布会、政策解读材料等途径把握所在科层体系对政策措施、概念界定、文化氛围等的许可范围，以判断政策的约束边界等。此外，可以通过请示咨询进一步明晰政策文本分析结果创新的可行性。制订具体政策细化方案之后需要向上级政府报批，使细化的政策方案被控制在合理的范围之内。

第二，在政策文本网络中位阶较低的决策主体通过“看旁边”来丰富与优化政策文本分析结果的细化方案。通过看“看旁边”的政策学习，对同类型的政策设计进行借鉴，进而丰富政策文本分析结果的备选方案范围。这是因为同类型组织之间的治理情景、治理资源、任务类型等更具趋同性，从“旁边”的同类政策进行政策方案借鉴，能够为政策细化提供可行性与成本－收益计算、政策形式、政策标准等要素的有用刻度，从而显著提升政策文本分析结果细化政策设计的可行性。

第三，在政策文本网络中位阶较低的决策主体通过“看自己”来融入治理情景细化方案。“看自己”就是按照上级允许的创新限度融入地方性知识，对所选择的可行性方案在适当的地方进行创新，以增强政策设计的适应性。也就是说，完善政策任务方案需要以自身治理情景、可用治理资源等对备选方案进行选择性过滤，并结合组织惯例形成细化方案的最终实施路径。

## 五、总结

埃莉诺•奥斯特罗姆（Elinor Ostrom）认为理论模型只是为人们提供了分析框架的抽象化构建，因为“无法在一个模型中容纳下此等复杂的情形，当在模型关系中选择时，往往只能包括一个子变量群”[①]。具体来讲，多源流理论侧重于政策变迁的多变量驱动因素分析，如间断－平

① （美)埃莉诺·奥斯特罗姆.公共事物的治理之道：集体行动制度的演进[M].余逊达，陈旭东，译.上海：上海译文出版社，2000：178.

衡理论框架侧重于描述政策变迁的形态。这样的理论分析提供了预先设置好理论侧重点的分析框架，可以触及政策文本背后的基础性机制。也就是说，这些主流政策变迁理论框架中包含的理论元素、理论逻辑能够为政策文本分析结果提供有效性的验证。

# 参考文献


［1］刘访．党政机关公文处理工作条例精解与范例［M］．北京：中国法制出版社，2012.

［2］中共中央，国务院．法治政府建设实施纲要（2021—2025 年）［Z］．北京：中国法制出版社，2021.

［3］王充．论衡［M］．北京：世界书局，1935.

［4］萧统．昭明文选［M］．北京：团结出版社，2021.

［5］卜宪群．秦汉公文文书与官僚行政管理［J］．历史研究，1997（4）：35-51.

［6］钱能．C++ 程序设计教程［M］．北京：清华大学出版社，2005.

［7］周光辉，隋丹宁．从文书行政到文件政治：破解我国规模治理难题的内生机制［J］．江海学刊，2021（4）：247-253，255.

［8］吴茵．赛马机制如何有效激励地方政府创新［J］．行政管理改革，2022（8）：38-46.

［9］张小平．当代汉语词汇发展变化研究［M］．济南：齐鲁书社，2008.

［10］农民日报评论员．新型主体挑大梁：四论深刻领会习近平总书记吉林考察关于粮食问题重要讲话精神［N］．农民日报，2020-07-30（001）.

［11］琼斯．再思民主政治中的决策制定：注意力、选择和公共政策［M］．李丹阳，译．北京：北京大学出版社，2010.

［12］Nadkarni S，Barr P S. Environmental context，managerial cognition，and strategic action：an integrated view［J］.*Strategic Management*

*Journal*， 2008， 29（13）：1395–1427.

［13］王印红，李萌竹 . 地方政府生态环境治理注意力研究：基于 30 个省市政府工作报告（2006—2015）文本分析［J］. 中国人口 · 资源与环境，2017，27（2）：28–35.

［14］张海柱 . 中国政府管理海洋事务的注意力及其变化：基于国务院《政府工作报告》（1954—2015）的分析［J］. 太平洋学报，2015，23（11）：1–9.

［15］张连刚，支玲，谢彦明，等 . 农民合作社发展顶层设计: 政策演变与前瞻: 基于中央“一号文件”的政策回顾［J］. 中国农村观察，2016（5）：10–21，94.

［16］折晓叶，陈婴婴 . 项目制的分级运作机制和治理逻辑：对“项目进村”案例的社会学分析［J］. 中国社会科学，2011（4）：126–148，223.

［17］中华人民共和国农业农村部关于开展农民合作社规范提升行动的若干意见［EB/OL］.（2020–01–09）［2023–09–01］.www.moa.gov.cn/nybgb/2019/201909/202001/t20200109_6334652.htm.

［18］中华人民共和国中央人民政府 . 以专业化社会化服务引领农业现代化发展：农业农村部就《关于加快发展农业社会化服务的指导意见》答记者问［EB/OL］.（2021–07–16）［2023–08–30］.https：//www.gov.cn/zhengce/2021–07/16/content_5625385.htm.